THE PRIMES

工作现场优选守则

随取随用的
高绩效管理
工具箱

HOW ANY GROUP
CAN SOLVE
ANY PROBLEM

浙江人民出版社
ZHEJIANG PEOPLE'S PUBLISHING HOUSE

活着就是为了改变世界，难道还有其他原因吗？

———史蒂夫·乔布斯

打造高绩效团队的优选守则

世界正在重置，它现在给人的感觉是倾斜的。能源、财力、人力、影响因素以及各种"诱惑性因素"正从四面八方汇聚而来，涌向新去处。我们没法确定它们最终将去向何处。在这种情况下，领导任何一家企业或组织，都像是在暴风雨中的大海上紧紧追着一艘小船漂流一样。

最终，世界可能会实现新的平衡，但在可预见的将来，也许又不会。管理者与领导者正在设法带领团队和组织度过这段不确定的时期。人们正在结成前所未有的联盟，来解决单个组织无法解决的难题。

至少，大环境需要做彻底的改革。很多人都在接受进行大规模变革带来的任务。本书可以被视为航海仪，凭借它，你与团队就可以绘制出最佳航线，确定方位，在发生不测时纠正航向。总之，本书将指引你到达理想之地。

本书精准地描述了团队行为的普遍模式。书中所讲的 46 条守则不是从实验室里弄来的理论，也不是时髦复杂的方法论。它们都是客观而真实的现象，是不可避免的人生经历。当大家团结起来解决问题、发动变革、做系统转型的时候，守则就会出现。守则之于团队，正如基因之于个人。不管你是否能理解它们，它们都决定着一个团队的表现。掌握了这些守则，你就可以掌握领导团队的诀窍；掌握了领导团队的诀窍，你就可以解决所面临的最棘手的难题。

团队的掌控技巧

当今世界，经济动荡，不确定因素增多，变革步伐加快，但有些因素是明确的。

◇ 集结：塑造高绩效团队的能力对于企业来讲极为重要。就我们如今面临的挑战以及当前的变革强度来讲，个人是无法应对的。

◇ 团队：群体中有一些是传统意义上的"团队"，它们在一个组织中以小组的形式共同开展工作。与过去一样，这种内部团队的表现能够决定一家企业的生死。

◇ 松散群体、群体联合、联盟：只局限在一个单一企业或组织实体之中，很多问题是得不到解决的。你会逐渐发现，能够解决问题的团队都是由持有多种信仰、观点及意愿的人组成的形式松散的联盟。

若是能够激励人们加入这种团队，加强凝聚力，释放强大的能量，并在解决问题的过程中能够始终维持这种联盟及能量，这种团队就将成为你的有价值的资源，帮你创造价值，并为你的社群，甚至为整个世界做出更大、更有意义的贡献。

要注意，当利益相关者的复杂程度较高时，作为普通人，我们并没有塑造这种团队来解决问题的经验。绝大多数时候，这些努力都是白费的，而其他的工作又通常会大幅超出预算，且迟迟无法完成。在寥寥几个完成了的项目中，只有一半能勉强符合最初的期望。

好在，有了本书，你就多了几成胜算。当团队遇到重大问题时，你就能识别并破译那些表面上不合乎情理的人类行为。一旦抓住了阻碍事情发展的问题根源，你就可以果断地出手，有效地处理。你就能看到那些被其他人漏掉的东西，防患于未然。掌握了本书的精髓，你就可以掌握领导要领，并成为高绩效团队中的一分子。掌控团队，掌控你的命运。

图解团队领导力

迈克尔·多伊尔（Michael Doyle）和我隔着办公桌坐在世界银行战略总监克里斯蒂娜·沃利克（Christina Wallich）的对面。我们中间放了一叠打印好的文件和表格。沃利克问我："你们怎么看？"

这是我和多伊尔第一次来到世界银行。出租车把我们载到华盛顿特区一号街区 18 号的拐角处，我们跳下车，眼前的建筑像极了一张庞大的数据表格，满街的玻璃窗纵横交错着，13 层楼高的大楼直耸天际。世界银行总部有 7 000 名精英，其中包括颇有名气的博士和极富声望的经济学家。多伊尔是我的搭档，我们几年前创立了一家管理咨询公司。他付了出租车钱，钻出出租车，一头扎进了春日里的冷风中，大声说道："这将会十分刺激！"不过，我可不那么确定。

沃利克静静地等着我和多伊尔浏览完办公桌上的文件。文件内容是世界银行即将开展的业务变革的设计方案，这也是它们成立以来开展的最宏大的一次变革。世界银行成立了 50 年之久，现如今正面临着巨大的变革压力。普通人可能会感叹："50 年已经够长了！"这样一家组织进行变革的风险太高了。多伊尔和我就是在该银行终结了与六大咨询公司的合同之后被叫到这里的。我们的工作就是对变革计划做一下复审。

在我有些不知所措、还想试着了解更多情况的时候，多伊尔把目光从文件上移开，抬头看着沃利克说："这个没有用。"沃利克犹豫了一下，说道："我也这么觉得。这也正是不请方案的设计人员，而是请你们来这里的原因。不过，整个过程你们看出什么具体的问题了吗？"多伊尔拿出一张纸，画了两幅草图。他把第一幅标记为"均衡"，第二幅标记为"逻辑"。

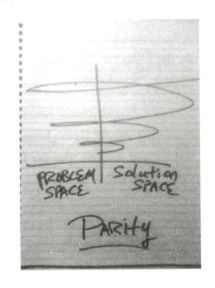

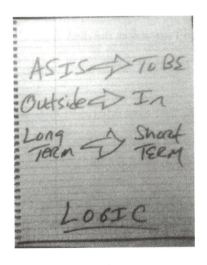

均衡   逻辑

多伊尔说："这份设计方案没有用，原因在于它有悖于'均衡原则'。讨论问题需要多大空间，那么讨论解决方法就需要多大空间，两者几乎均衡。这份设计方案没有给银行的领导者留下多少空间去弄清楚问题，又留了太多的空间去让他们寻找解决方法。此外，这份方案还有悖于团队计划和协作的常规逻辑。先是'当前状况'，再到'目标状态'，这才是团队高效运行的逻辑顺序。"银行应该先考虑外部世界以及自己周围环境的状况，然后思考组织内部的发展；应该先从长期规划开始考虑，然后才是短期计划。目前这份设计方案把一切都弄乱了。多伊尔说："大家将无从下手。这不会带来大家想要且需要的结果。"

在争论最为激烈的时候，多伊尔绘制了两幅草图，这让沃利克看到并理解了之前没能察觉到的重要原则。通过均衡原则及逻辑原则这两面透视镜，沃利克看到了设计方案中均衡性与逻辑性的缺乏。如果按照原计划执行了此方案，只会给处于困惑中的银行工作人员再蒙上一层眼罩。我们告诉沃利克，我们会在遵循均衡原则与逻辑原则的基础上对流程进行重新设计，好让上至高层领导者、下至基层管理者都能接受。

我们那样做了，果真管用。时任世界银行行长詹姆斯·沃尔芬森（James Wolfensohn）和他的百人领导团队积极地投身到我们重新设计的流程中，并制订出了明确的转型战略。在接下来的几年里，我们与世界银行一起顺利执行了战略规划。

有趣的是，这 46 条守则似乎是自动精确地呈现在了我和多伊尔面前。它们总是在"工作中"出现，通常都是在我们遇到困难时，而且出现得总是那么及时。还有，它们通常都是呈现在草稿纸上或餐巾纸的背面。

20 世纪 80 年代，我在 IBM 做组合软件开发，就是在那个时候，我遇到了多伊尔。我精通技术，多伊尔熟知团队。在 20 多年的合作中，我们发现，这些持续出现的草图让我们有了不凡的视角。无论身处哪一行业，无论与何种类型的组织合作，这些草图都会提供一定的价值。

多伊尔和我开始将这些醍醐灌顶般的见解归类。我们打算将其整理、汇总，与所有担任领导工作或者在团队中工作的人共享，帮助这些人变得强大并助其成功。

几年前，多伊尔突发心脏病辞世。世界各地的变革推动人纷纷前来参加他的追悼会，向这位成功转型大大小小组织的高级顾问、企业家、业界核心人物致敬。我们大家都视多伊尔为导师。我正式声明，这本书是我和多伊尔共同开始创作的，只不过由我收尾。本书中列出的最具说服力的草图，简洁、形象，分开来看也很容易理解，它们是我们从事物中所领悟的真谛，我们希望将之献给所有渴望有所作为的人。

关于图书的出版，我知之甚少，不过我坚信，书本当中一定有可学习、可收获的东西，能在你危难的时候帮助你。现实世界已经证明了这一点，这本书将不负你所望。

我们内心最深的恐惧并非是我们无能为力，而是我们不可估量的能力。是我们内心的光明而非黑暗，让我们惊恐不已。我们常常问自己："我是杰出、光彩、智慧而超凡的人吗？"难道你不是吗？你就是希望之子。你的碌碌无为无益于世界。隐藏自己，并不会让身边的人觉得更有安全感。我们本应该光芒四射，像孩子们一样，照亮世界。我们生来就是为了呈现内在已有的上帝的荣耀。这种荣耀的光芒不只在一些人身上，它在每个人身上。当我们让自己发出光芒，也便允准了他人去闪耀自己的光芒。当我们释放了内心的恐惧，我们的存在无形中也解放了他人。

玛丽安娜·威廉森
美国作家

PRIMES
How Any Group Can Solve Any Problem

—————— 目 录

序 言　打造高绩效团队的优选守则　/III

PART 1

成为团队领导者的 9 条守则

01　确定真正重要的事情　/005

✓ 守则 1：领导，不是管理，也不是执行
✓ 守则 2：执行 – 研究，不要用研究业务的时间做执行
✓ 守则 3：改革 VS. 变革，确定当下的行动目标

02　明确目标，抢占先发优势　/025

✓ 守则 4：诚实，说到就要做到
✓ 守则 5：相信定数，勇于冒险
✓ 守则 6：宣示，将目标与时间节点公之于众

03　组建团队，唤起意义感　　/041

✓ 守则 7：动态不完备，共同完善总体愿景
✓ 守则 8：崇高，有效的愿景才能激励团队
✓ 守则 9：能力，打造组合团队的战斗力

PART 2

建立强大联盟的 9 条守则

04　拥有共同的视角　　/063

✓ 守则 10：盲人摸象，让每个成员都拥有全局观
✓ 守则 11：多层次视角，找到解决问题的最佳视角
✓ 守则 12：S 曲线，让团队快速达成共识

05　确立共同的意愿　　/079

✓ 守则 13：当务之急，建立高度持久的共同目标
✓ 守则 14：均衡，合理分配关注度
✓ 守则 15：利害关系，综合考虑各种因素

06 采取协调的行动 /099

✓ 守则 16：凝聚力，尽早解决分歧
✓ 守则 17：红点，集中精力做最重要的事
✓ 守则 18：浪费，检验是否实现最优化利用

PART 3

提高团队绩效的 12 条守则

07 让个人参与团队决策 /121

✓ 守则 19：领导力范畴，根据不同的场景选择最为合适的领导风格
✓ 守则 20：共识，解决了 3 个问题就达成了共识
✓ 守则 21：开放 - 关闭 - 决策，遵循团队决策的 3 个阶段

08 构建有意义的文化 /139

✓ 守则 22：文化，以价值观和指导性原则为基石
✓ 守则 23：一致性，用企业行动践行企业文化
✓ 守则 24：反馈，高绩效团队需要有效的反馈

09 团队内部的沟通与行动　　/157

- ✓ 守则 25：请求，邀请对方做出承诺
- ✓ 守则 26：信任，恪守承诺获得他人信任
- ✓ 守则 27：违背承诺，立刻采取补救行动

10 团队成员的表达与倾听　　/175

- ✓ 守则 28：界限，突破限制，获得非凡成果
- ✓ 守则 29：事实、故事和观念，成为理性的分析者
- ✓ 守则 30：流言，禁止说不如禁止听

PART 4

避免团队失败的 12 条守则

11 识别并克服阻力　　/193

- ✓ 守则 31：落伍者，不要在他们身上浪费时间
- ✓ 守则 32：分裂，识别 5 种类型，重塑凝聚力
- ✓ 守则 33：相同－不同，推动利益相关者达成一致

12　**摆脱棘手的窘境**　　/207

　　✓ 守则 34：大帽子－小帽子，寻找"既／又"式解决方案
　　✓ 守则 35：正确 VS. 正确，不要对无所谓对错的事情分对错
　　✓ 守则 36：问题解决原则，面对最艰难的选择找到最正确的做法

13　**避开视野盲区**　　/221

　　✓ 守则 37：追求－失去，厘清做事情的正确顺序
　　✓ 守则 38：过程－满意度，确保监督者保持中立
　　✓ 守则 39：角色转换，弄清楚自己的职责范围

14　**拒绝默不作声**　　/237

　　✓ 守则 40：受害者－领导者，让团队充满正能量
　　✓ 守则 41：球场－休息室，"做"永远比"想"更重要
　　✓ 守则 42：困惑，进入学习的最高境界

PART 5

面向未来持续发展的 4 条守则

15 **不要让干扰因素干扰你**   /257

✓ 守则 43：无物之境，专注于手头的工作
✓ 守则 44：朝前看，缩小与目标之间的差距

16 **先关注自己，再关注客户**   /269

✓ 守则 45：承诺 VS. 依恋，不要让结果影响你的情绪
✓ 守则 46：存在，掌控自我感受，不被压力击倒

扫描二维码，下载"湛庐阅读"App，
搜索"工作现场优选守则"，
测试一下，当团队中出现棘手复杂的问题时，
你是否知道该如何处理。

THE
PR I MES

How Any Group
Can Solve Any Problem

PART 1

成为团队领导者的 9 条守则

　　个人、组织或者联盟是怎样在不确定的时代中茁壮成长的？面对让人困惑的未来，他们是如何做到表现从容、果断出击的？

　　尤吉·贝拉（Yogi Berra）说得很对，"未来不再有据可循"。当今时代，没什么事情是确定的。如今，稳定的状态会随着环境的变化而变化。这着实让有些人害怕、担心、止步不前。可对于另一些人来讲，世界重组犹如一次刺激的旅行，他们跃跃欲试。如果你是这种人，那么本书第一部分内容会让你有所受益。

　　大多数容易解决的问题都已经解决了，接下来我们开始处理那些让人头疼的问题。这些难题给很多人都造成了影响，于是各个领域的人开始联合起来解决它们。接下来将提到"很多"这个词，具体来讲是少于 7 个。不到 7 个人就能解决的问题，即使其复杂程度很高，这些人还是能够通过自组织来处理掉它。一旦团队人数超过 7 个，那么社交动态就从小型团队行为转换到了大型团队行为。大型团队的功能很快就变得失常、失衡起来，除非得到有效的指导，否则将得不到任何持续且有意义的成果。很抱歉让你们这些"新人"承受这种消息，但在过去的这 30 多年里，我一直都在尝试用新潮的说法给大家解释自组织系统的概念。我是这样总结的：这是一类人员组成多于 7 名，且需要被领导的系统。

那些被不确定因素包围，且成功领导了大型问题解决式团队的人都具有以下 3 种特征：

◇ 第一，有着清晰的目标，而且知道如何分配宝贵时间。

◇ 第二，主观上愿意冲锋陷阵。

◇ 第三，掌握招募其他人加入进来的技巧。

人的思想是一种神奇的屏障，除非你愿意，否则任何有害的东西都将无法侵入。

拉尔夫·沃尔多·爱默生
美国诗人

01

确定真正重要的事情

你是怎么决定昨天的日程安排的？明天的时间又将怎样分配？

你做事的宗旨是什么？你的目标是什么？如何甄选最好的方式去打发时间？如果你对这些问题有了十分明确的答案，那你的生活将会是何种景象？本书介绍的"领导""执行－研究"以及"改革 VS. 变革"等守则，能够帮助你对上述问题有一个基本的认识。

　　掌握了以上 3 条守则，你的日常行程将大有改变。你会选择性地参加或拒绝参加某些会议邀请。与此同时，为什么做这件事，为什么没做那件事，你都会给出清晰且合理的理由。明确了这些问题之后，你就可以运用这些方法来为所属的群体、组织以及所效力的团队做出更为重要且有价值的贡献。当然，这还可以为你省下不少精力。

最优秀的人是那些带领他人做到最好的人。那些听从召唤的人也会被上天庇佑。

而那些不愿带头，又不愿被召唤，一心只图安逸之辈，便是最为无用之人。

赫西俄德
公元前 8 世纪希腊诗人

Set Direction
设定方向

Align Resources
整合资源

Inspire Action
鼓励行动

Be Responsible
for Results
对结果负责

LEADING
领导

守则 1：领导，不是管理，也不是执行

有着"领导者"称号就意味着你是在做"领导"吗？

"领导"究竟是什么意思？

亚马逊网站上有关领导力题材的图书已经卖出去 1 万余册，可为什么领导者还不懂得该如何有效地领导呢？难道是我们把领导看得过于复杂了？我们在这里是这样定义领导行为的：设定方向，整合资源，激励行动。如果你所做的事情不属于这 3 类行为，就算不上是领导。接下来，让我们通过 6 个词来做一下具体的区分，其中包括 3 个名词和 3 个动词。首先来看名词：

◇ 领导者：职位

◇ 管理者：职位

◇ 执行者：职位

这些名词明确了这些人的身份，但并没有明示或暗示这种职位的人应该做什么事。

接下来，让我们来看 3 个动词：

◇ 领导：设定方向，整合资源，激励行动，对结果负责
◇ 管理：根据需要来平衡工作内容，利用有效的系统实现预期收益
◇ 执行：利用既设系统生产价值

这 3 个动词指明了这些人的工作内容，具体说明了要做哪些事情。即便你占据着相应的职位，也并不意味着你正在从事相应的工作内容。很多人都被称为领导者，却花了大多数时间从事着管理和执行的工作。与此同时，我还注意到，有些被称为管理者的人，却在做着领导工作。

花些时间，想想过去 5 天之中你所做的领导工作，包括设定方向、整合资源、激励行动。如果你有老板的话，请为你的老板也做一下这样的回顾。这里有几点小贴士，可以帮你实事求是地评估一下。

◇ 如果你掌管一家法律公司，那么在从事法律工作时，你的身份就是一名执行者。
◇ 如果你在自己开的理发店里给客人理发，你的身份仍旧是一名执行者。
◇ 如果你拥有一家顾问公司，而且自己来做顾问，你就还是一名执行者。

只要你是在为企业直接做一线工作，就算不上是在领导。即便你的行为能够提高工

作效率，那也只是在管理，不是在领导。

这样看来，如果你的表现与大多数人一样，那么回顾过去一周的工作时你会发现，你在不知不觉中参与了管理和执行工作。这类工作的内容更加明确，而且风险较小。相比之下，领导工作则是模糊的，而且别人也不一定会买账。

我说的这些并非是在暗示大家，这 3 种行为活动应该有什么固定的时间分配。我想说的是，除非你所在组织的状况完全符合未来发展的要求，否则你就得花时间好好做领导工作。问题来了，真的是合适的人（包括你自己）在花合适的时间做领导工作，而非管理和执行工作吗？

纪律是用来提醒人的初衷的。

戴维·坎贝尔
澳大利亚诗人

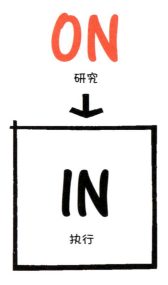

IN-ON
执行-研究

守则 2：执行 - 研究，不要用研究业务的时间做执行

你会不自觉地拿研究业务的时间来执行任务吗？

执行 - 研究守则能够让人分清执行任务与研究业务之间的区别。大多数人，尤其像领导者、管理者这类人，他们都把太多的时间放在了亲自执行任务上，相比之下，用来研究业务的时间太少了。

执行任务时，你需要亲自操作系统，解决已存在的问题。而研究业务时，你所做的要么是改革，要么就是变革。你得用新的方式开展业务，并在市场上创造出卓越的成果，或者一败涂地。无论何时，你要么是在执行任务，要么就是在研究业务，只要认识到这一点，这条守则就可以展现其魔力了。执行任务不等于研究业务，两者之间也没有交集。

研究业务	执行任务
展望未来的工作状况	实时参与工作
设定战略方向	践行战略规划
制作预算	管理预算
制订用人标准	招聘人才
系统转型	保证目前系统的更好运转
开发新市场	服务目前市场
我们接下来要做什么？	如何能把手头的工作做好？
确定未来服务目标	服务既有目标客户
制造创造性矛盾	解决创造性矛盾

　　人会不知不觉地去亲自执行任务，相比之下，研究业务的性质则较为模糊，且让人发怵。对于领导者来讲，执行任务的过程能够为其提供丰富的机会去施展控制力，力挽狂澜，还能从员工及同仁那里得到夸奖与敬畏。研究业务的过程则需承担一系列犯错、遭遇尴尬甚至是蒙羞的风险。执行任务需要领导者投入全部的精力，若把精力放在了研究业务上，其所置身的工作就会受到威胁。因为执行任务占据了领导者的所有精力，所以改革便无从谈起。人人都可以执行任务，但是如果连领导者都不研究业务，那其他人就更不会这样做了。组织也便不会成长，任何复杂问题的解决、改革或是变革努力都将失败。

一天，我与朋友卡伊·多西埃（Kai Dosier）用过午饭之后，提起我们公司没能成功突破收入 1 千万美元大关的事情，我非常沮丧。我的团队和我总是离目标渐近又渐远，这种情况反复循环。大家工作都很努力，但仍没能成功，对此我困惑不已。多西埃在一张餐巾纸的正中间画了一幅图，就此点醒了我。他讲解完毕后看了看我，说："领导者往往会偷占他们本应用来研究业务的时间。"接着他又问道："在研究业务上，你花了足够的时间吗？"

接着，针对前段时间的工作，我立刻开始区分哪些属于执行任务，哪些属于研究业务。结果很明显，绝大多数时候，我都是在充当一名顾问，也就是亲自执行任务。在帮助客户研究业务的时候，其实是在执行自己的任务。在接下来的几天里，我意识到了这种做法所导致的后果。多西埃还给我介绍了迈克尔·格伯（Michael Gerber）所著的《突破瓶颈》（*The E-Myth Revisited*）一书。该书进一步说明了执行任务与研究业务两者的不同侧重点。多西埃在餐巾纸上画的那幅图深深地刻在了我的脑子里，我再也不能对将绝大多数时间分配给执行任务而非研究业务的做法置之不理了。

然而，接下来的几天里，我注意到，我还是会把绝大多数时间用在执行任务上。我发现，我很容易因为一些突然冒出来的冠冕堂皇的理由而分神，进而给自己找借口去伸手施展救援。客户需要我，员工的问题需要我去解决，"生命中难得的良机"需要我去追寻！我开始意识到，"只有我能做到"与"这种机会永远不会再来"统统都是错误的观念。这只不过是因为我不愿去面对明确度较差的主导性变革，意图躲避责任而随手找的理由。这种自欺的想法将我困在原地。只要是在执行任务，我就可以不用费脑筋去学习琢磨如何领导、打造一家企业。然而，一旦我开始研究业务，并分配必要的时间与精力时，企业的收入则以 35% 的幅度持续增长。最终，我将公司卖掉，并获得了一笔可观的利润。

这条执行 – 研究守则不只适用于企业的所有者与高管，还适用于主管以及个人。不过，绝大多数组织都不会给业务研究留下多少空间。说到为成功而做的主导性变革，组织中每个层级的人员都必须研究业务，而非维持现状。

回顾过去，我已与众多领导者合作 25 年有余，总结下来，分不清执行任务与研究业务两者之间的区别，实为导致改革与变革失败的头等因素。我曾在众多场合提到过这一守则。为了成功实现改革与变革、开创未来、创造卓越成就，执行 – 研究这一守则或许是你要掌握的最为重要的内容。

执行任务与研究业务，两者各自需要投入多少精力，并没有一个固定的计算公式。不过，如果不腾出些时间来研究业务，或是没有将这条守则植入企业文化中，领导者就不可能收获与日俱增的工作热情，也铺就不出通往成功的未来之路。

如果想进一步了解相关内容，建议阅读迈克尔·格伯的《突破瓶颈》一书。

未来大多受制于创造力。

罗素·艾可夫
管理学家

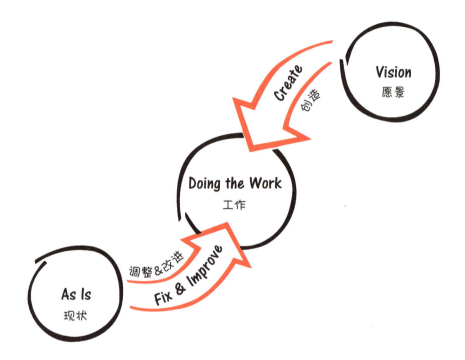

CHANGE VERSUS TRANSFORMATION

改革VS.变革

守则 3：改革 VS. 变革，确定当下的行动目标

你是在修复过去，还是在创造未来？

问题的解决是需要改革还是变革？两者都很难。遗憾的是，等领导者们意识到其中的重要区别时，为时已晚。如果问题相对简单且现行系统只需微调，正确的做法就是实施改革。如果问题很严重且急需建立新系统，正确的做法就是变革。对问题的掌控应从选择正确的道路开始。

改革需要你熟知目前的状况，努力做到更好、更快、成本更低，或者其他带有"更"的形容词汇。成功就是与开始时相比，经过一番努力，最终实现了经济效益。选择改革时，我们的未来实际上就是对过去状态的重新调整与改进。

变革就是要与痛苦但孕育着自由的过去彻底决裂。在变革过程中，我们要规划未来，并想方设法将其实现。变革对未来的描述与过去毫无关系，它所孕育的是全新的未来。

人类完成登月计划的唯一途径即为变革。1961 年，约翰·肯尼迪总统发表演说："我

相信，就在这个年代，我们能够实现登上月球并安全返回这一目标。”工程师们心里清楚，任何针对“双子星座”计划的改进都实现不了这一愿景，于是他们开始了“阿波罗”计划。“阿波罗”计划并不是“双子星座”计划的加强版，而是一个全新的系统。肯尼迪总统的演说勾勒出了变革中的所有必需元素：

◇　清晰的目标

◇　细化的结果

◇　明确的期限

那次演说以后，一个全新的世界诞生了。

我曾经有幸亲身经历过几次变革。此刻，我脑中涌现出的是宾夕法尼亚州匹兹堡康索尔能源公司（Consol Energy）会议室内的一幕场景。康索尔公司是一家开采煤矿与天然气的能源企业。这是一种高危行业。据说，这个行业优秀企业的品评是以每年事故发生率的降低幅度与连续几年实现这一目标为衡量标准的。康索尔公司在整个行业中有着最好的安全纪录。那天的会议就是探讨下一年如何“突破”安全纪录。大家已经制订出了自认为成竹在胸的目标。

接着，康索尔公司的一位名叫尼克·狄卢里斯（Nick Deluliis）的高管走到会议室前直指最新制订的目标。他向团队发问这一数字的含义。大家都说那是一个可以实现的目标，不过需要管理者付出很多努力与精力，并且认为这会在行业内树立起新的标准。狄卢里斯直视着在场的每个人，说："这个数字的意思就是，康索尔公司能够容忍的人员伤亡数。"他还继续提议，与其与康索尔的过去或是行业内其他大企业做比较，想要突破安全纪录，为何不直接宣称"在康索尔工作是完全安全的"呢？

从这一变革性角度出发，康索尔公司存在的安全隐患立即显现了出来。当违背了"在康索尔工作是完全安全的"这一承诺时，这些隐患就会变得愈发显眼。会议室内有人开始说："我们不能做这样的承诺，因为……"狄卢里斯回应说："可这些是我们此刻应该花力气研究并消除的问题，只要说在康索尔公司工作是完全安全的，这些障碍就没有存在的理由。"想象一下，当这些管理者回到地下煤矿与山间峭壁工作时，他们的注意力会放在哪里？凭借"在康索尔工作是完全安全的"这一检验标准，管理者注意到了所有具有安全隐患的事项，并坚持不断地进行排查处理。康索尔精神引领着一个团队，而这个团队造就了一个安全的世界，在这里，本来是高危工作，可做起来却是完全安全的。我希望，其他组织也能够喊出"完全安全"的口号，并不计一切代价去践行这一变革性承诺，实现整个开采行业的变革。

将这条守则付诸行动。问一下你的团队或组织此刻行动的目标是什么。是要将企业变得更好、更快、成本更低，还是践行已许下的诺言，开创一片未来？要么是前者，要么是后者，两者不能兼顾。不要自冒风险，忽视两者的区别。

每条路都有危险与挑战，当然也就需要走不同的路径。诸如成本分析策略、六西格玛理念就是改革途径，体现在企业的改进计划中。如若期待的目标只是比过去好一点的话，这些途径是很有效的，但如果目标是企业变革的话，这些途径就都是死路。

我们推选领导者是因为他们承诺做改革。不过，像医疗保险、能源、气候以及安全问题，这些就急需变革了。当结果并不理想时，这些领导者就声称是大家选错了路。

变革的途径有想象、承诺、发明和创新，就像孩童痴迷于"捣毁"事物并创造新事物一样。改革与变革都会迫使团队舍弃事物发展的原有方式。从某种程度来讲，有些事物已经是穷途末路。我们熟悉的系统将不复存在，这其中有很多回忆，包括好的和不好的。这种熟悉的感觉会被一种对未来的陌生感所代替。与改革相比，变革过程中的这种感觉会更加强烈。在变革过程中，人们会觉得整个系统或组织的核心是处在危机之中的。出现这种感觉是合情合理的。为了处理好因这种恐惧而造成的阻力，要让大家明确改革或变革成功后可能带来的好处，以及失败后将会造成的不良后果。这一点极为重要。

一直以来，我关注的都是以企业或团队为背景的"改革 VS. 变革"问题。其实，每个人随时随地都在践行着"改革 VS. 变革"守则。比如，你是在"试着减肥"还是"处处选择健康的生活方式"？你是在"试着戒烟"还是"少抽一些"？你是在"试着做到言行一致"还是"本就是一个诚实的人"？只要你是在"试着"做事情，就说明你"没有做到"一些事。只要你是在"为了实现某个目标或成为某种人而身体力行去做"，你就没有"退一步"的余地。给你一条生活中即刻就可以践行的法则：做一个永远都不会说"试着"的人。

我的人生变革要从切萨皮克湾昆士城的高尔夫球俱乐部说起。我的球友是我的老友，名叫戴夫·科兰达（Dave Kolanda）。大约 30 年前，我们一起在 IBM 开启了工程师的职业生涯。大概就是在那个时候，我偶尔会提到我有写书的想法。科兰达对我说："那你就是一名作家了。"当时，我觉得这话有些奇怪。在俱乐部里，科兰达与一位服务员聊了起来，并把我以"作家"的身份介绍给了那名服务员。我心里清楚，在那名服务员眼里，我就是个作家。我的过去并不重要，是我的未来给了我现在的名誉。从那一刻起，我就真正喜欢上了写书。毕竟，科兰达已经用一句话将我变成了一个作家，所以我觉得，我应该身体力行，真正当一名作家。

观察一下周围的人，他们是在努力改善自己的过去，还是在着眼未来？他们注意到两者之间的区别了吗？很多人即便意识到了变革的必要性，但还是会选择改革。据我的经验来看，这些人的观念带有局限性，他们认为，凡是缺乏确定性的事情，永远都不应该给出过多的说法。对于这些人来讲，变革简直是一个重大的飞跃。他们目前所掌握的信息以及所能找到的信息是远远不够的。

这种"确定性"不只是多余的，而且是狭隘的。

通过本章揭晓的 3 条守则——"领导""执行 – 研究""改革 VS. 变革"，你现在能够弄清如何分配自己的时间了。你会清楚自己什么时候是在做领导工作，什么时候不是；你会清楚自己是支持改革还是变革。这里没有所谓的正确答案或错误答案，只有一条真理：所谓重要的事，并不是说它重要它就真的那么重要。你优先要做的事就是弄清楚如何分配时间，满足团队、组织或群体的需要。大家所急需的"你"到底是什么样的你？听听大家的想法，然后成为大家需要的那个你。

过去安定状态下的教条理论已不能满足风云变换的当今时代。时局倍加艰难，我们也必须紧跟其步伐。因为我们的处境是前所未有的，所以我们的思路和行动也必须是全新的。我们必须放开以自我为中心的想法，然后才能解救我们的国家。

1862 年 12 月 1 日亚伯拉罕·林肯在国会演讲中的发言词

02

明确目标，抢占先发优势

> 你曾经做过什么承诺，何时兑现的？"承诺"究竟是什么意思？
> 你的承诺对于他人来讲有什么意义？

现在，你已经掌握了"领导""执行－研究""改革 VS. 变革"这几条守则。在领导、业务研究以及发动改革或变革这些问题上，你已经能够清楚地知道团队中的人正在做什么，没有在做什么。当你每周计划着如何利用时间的时候，实际上你是在积极认真地做着时间分配，以保证当前系统的正常运行，或者创建一个全新的系统。从这一点来讲，你可能成了触犯保守派利益的危险因子。

你现在能够合理地分配时间了，那么接下来该如何最好地利用这些时间呢？本章将为你讲述如何通过果断而有力的行动来取得一呼百应的效果。

　　有这样一群人，他们似乎特别能吸引那些最优秀、最聪明的人来为其效力，这到底是为什么？这些人身上散发着一种自信，哪怕是在未知、迷茫的环境中也能做到这一点。你可能就是这样的人。如果是这样的话，接下来要讲的 3 条守则会进一步证实你的一些观点。如果这些人是你崇拜的偶像，那么这几条守则会激发你自身那些未被发掘的潜能，让你也可以做到像自己的偶像那样。

你们的话，是，就说是；不是，就说不是；若再多说，就是出于那恶者。

《圣经·马太福音》第 5 章第 37 节

SAY 说 → DO 做

INTEGRITY
诚实

守则 4：诚实，说到就要做到

你说"是"的时候，真的意味着"是"吗？

我们暂且先不理会诚实的其他含义。这里所说的诚实的含义是："言出必行，言行一致，而且总是如此。"诚实并不是基于价值观或者道德观。它是以履行诺言为基础的。当一个人选择诚实的时候，未来的结果就一定会像他们承诺的那样。大家都会给予这个人信任。如若没有这种品质，无论如何也到达不了此种境界。

世间诚实的人真是少之又少。制造商会将还未完成的产品吹上天；医生会说他们将在上午 11 点给你面诊；修理工会说你的车早上就能修好，修理费是 200 美元；同事说中午就能把报告搞定；政府官员会说他们以国家利益为上。可结果却是，制造商的产品并没有广告说的那么好；医生会让你一直等在候诊室；修理费用远不止那些，而且修理时间也会延长；同事往往会让你大失所望；政府官员永远以个人利益为上。情况总会这样吗？不，但确实时有发生，而诚实却是场一荣俱荣、一损俱损的游戏。

国际知名演说家金克拉（Zig Ziglar）曾说："人手中最有说服力的工具就是诚实。"

诚实是你能为周围人做的最有力的承诺。诚实也正是高绩效团队的一项极为重要的品质。

项目上马之前，我都会要求相关人员在项目进行的整个过程中严守诚实守则。具体要求是：没有所谓的大承诺与小承诺，唯有承诺，而且所有承诺都要遵守。没有哪条守则能唤起这种发自肺腑的反应。让人严守诚实守则会吓到很多人，对此我并不惊讶。遵守诺言肯定不容易，但如果做不到的话，结果会怎样呢？难道你会愿意跟一个完全靠不住的人搭档攀岩？一个项目如果连截止时间都模糊不清，甚至连会议时间都模棱两可，你还愿意参加进来吗？

要想与周围的人一起严守诚实守则，你需要以下 3 项技巧：

◇ 你要认清什么时候被要求做出承诺。

◇ 真心实意地做出承诺。应该在自己情愿的情况下对人做承诺。

◇ 懂得对人说"不"，因为这将是你最为常见的一种反应。

诚实是得到他人信任的根本。得到了信任，就会拉近与人的关系。如果你从本书中什么也没有得到，至少请记住诚实这一守则吧。无论是在生活中，还是在所属团队中，都请遵守这一守则。这很简单，履行其本义，承诺自己一定能做到。

除非下定决心，不然我们就会犹豫，就有机会退缩，总是效率低下。基本的事实是，从一个人下定决心的那一刻起，上天就会庇佑他。正是因为人们没有意识到这一点，所以无数构想和绝妙的计划才变成了泡影。一旦下定决心，各种原本不可能发生的事情都开始出现。这个决定会引发一连串的事件，种种对他有利的情况和意想不到的物质帮助都会出现。我尤其欣赏歌德的一句名言："无论你能做什么，无论你有着怎样的梦想，都要付诸行动。唯有在冒险和犯难之中，魔法和力量无穷。"

W. H. 默里
苏格兰登山家、作家

TRUST THE UNIVERSE
相信定数

守则 5：相信定数，勇于冒险

你的见识会限制你的视野吗？

团队往往会根据已有的见识开拓新视野。有些团队则更进一步，他们的视野是建立在自己认知领域之外的。真正的梦想家应该做到以下几点：

◇ 一定要懂得，万事皆有可能；不了解就是不了解。

◇ 一定要坚信，不管是什么样的愿景，它就在未来的某个地方。

◇ 无论梦想家需要什么，上天终将会满足他。

要将眼光放在未知领域。

当然了，相信定数守则也有阴暗的一面。在写作本书的过程中，我采访了几位领导者，我事先在桌子上放了几张卡片，每张卡片上都写着一条本书要讲的守则，想通过这种方式给他们介绍一下这本书。接着，我邀请他们各自选出几张自己中意的卡片。

全球捐赠组织（Global Giving）的创始人丹尼斯·惠特尔（Dennis Whittle）很快选

出了 5 条守则，并对其中 4 条说了一些他的想法。这时，他手里握着最后一张卡片，一边犹豫着，一边用卡片敲打着桌子，眼神中透露着很多情绪。这可不是他一贯的风格。接着，他举起那张写有"相信定数"的卡片说："这条是废话！"我知道他话里有话，便等着他继续往下说。"相信定数，这种感觉是说不清道不明的。但这种玄妙的感觉又很必要，对于任何一个真正的领导者来讲都极为重要，但玄妙就是玄妙。可以说，接受这条守则是创造变革可能性的唯一渠道。"

惠特尔说："每个领导者都应该做到这点。有些时候，当你果断做完冒险的决定之后，你需要一边等待上帝的眷顾，一边再准备好备用方案。有时候，上帝没有理你，你就会输得很惨。因为，但凡那些被点石成金、改革成功的企业，或是那些传说中的成功案例，其背后都有着数不清的玄妙故事，正如'凡事均需冒险，却不一定有收获'。"

相信定数的真相是：无论你做了多么大胆、多么果断的决定，都不能保证成功。大家会受伤，他们赌上了一切，有些人输掉了一切，这样的事每天都会发生。没有所谓的诀窍，每一个领导者都会给追随者奉上一款所谓的"成功模式"，但究其根本，只不过是相信定数。

相信定数不是让你寻找可靠的信仰保证你成功。有一点是毫无疑问的，有些人并不相信定数，但仍旧成功收获了财富，同时也背上了恶名。不过，对于一个领导者来讲，鄙视定数是愚蠢的。伟大的领导者与普通人一样，会经受同样的挑战、挣扎、疑虑、挫折与侮辱。领导者们相信，虽然相信定数并不一定能保证成功，但却赋予了他们不受束缚的思想，让他们有了静观其变的能力。

本书得以出版，我要感谢一些人，没有他们的帮助，便不会有这本书的存在。但在当时宣布出版此书的时候，我甚至都不知道有谁能来帮我。所以，谢天谢地，还是要相信定数的。

要么去做，要么不做。没有尝试这回事。

尤达大师
《星球大战》系列中的角色

Outcome
结果

Date
Certain
明确期限

DECLARATION
宣示

守则 6：宣示，将目标与时间节点公之于众

你愿意活得不明不白吗？

宣示就是一份关于"某项任务"将在"某个时间"完成的声明。我曾经有幸目睹过一个团队当众宣示，截止到具体某一天会收获什么样的成果。肯尼迪总统的宣示是这样的：美国人将在十年内登上月球，并安全返回地球。圣雄甘地的宣示是这样的：在我死之前将实现印度的自由解放。职业棒球选手巴比·鲁斯的宣示是这样的：看我下一轮越墙式投球。领导者先定目标，然后行动。如今的运动员不是这样，他们都是在偶然一次超越自我后才去设定目标。那种不是宣示性领导。顺序至关重要。

当宣示守则与诚实守则相结合时，其语言本身就从被动转为了有力的主动：

被动的发声 ———————→ 有力的发声

计划 ———————→ 宣告

尝试 ———————→ 行动

我应该 ────────▶ 我一定会

我将要 ────────▶ 我正在

我们应该 ────────▶ 我们正在

但是 / 如果 ────────▶ 无论如何

我会支持这项任务 ────────▶ 我承诺做出成果

在……条件下 ────────▶ 无条件

很快 ────────▶ 现在

　　我曾经参与了一项大型物流系统的转型。物流就是将正确的物品从制造商或供货商手中准时运到消费者和顾客手中。这个系统相当庞大，是世界上最大的物流系统，可谓是含有多项系统的系统。这之中有很多分支系统，每个分支都有各自的领导者，所以没有谁能掌管整个体系。项目伊始，据估计，其运行效率至少有 30% 的闲置。而且几乎每个人都认为这个数字还是保守估计。问题的关键就在于，不同分支的领导者需要自愿搭配，结成有一致意愿的盟友。然而，其中最大的难点就在于各领导者相互之间的信任度较低。

　　我们没有举行绳索课程或其他有助于建立信任的活动，而是决定在"工作中"完成信任的建立。我们挑选了 5 个亟待解决的问题，并为各项目组设定了任务目标与确切的截止期限。接着，大家自行结合成小组开展工作。同往常一样，各组都用了大部分时间弄清楚问题，接着又开始申请更多的时间完成任务。结果，被领导组人员一一拒绝。截止日期是不会变的。这种反馈完全出乎各组成员的意料，之前从未有过这种情况。与此同时，各组开始慌乱、质疑、积极起来。后来，各组向领导者反映说："如果一定要在截止日期前完成任务的话，我们就必须……"领导者回答说："可以。"

结果，3 组在截止日期前完成了任务，其余两组的境况仍旧困难重重。以至后来大家都开始耍起手段来，不再追求什么公平。他们的解决方案中需要权力转移，而阻力不断增多。团队成员觉得自己没有足够的能力去解决这些棘手的问题，两组都把问题反映给了领导组。问题得不到解决，总是会有这样或那样的原因。大家提出的新解决方案可能会带来不可预知的后果。想要维持现状的人员坚决抗议："请让我们弄清楚问题再做决定，再宽限几天！"过去，在这种节骨眼上，领导者肯定会妥协，让各组回去再做做分析。这次却不一样了。领导者接过电话，当即驳了这些人的面子。气氛着实紧张。但没有办法，自己在团队面前信誓旦旦地做过保证，时间一到，必须出成果。就在最后期限期满的前几个小时，领导者还在坚持着不妥协。这着实震惊了各组成员，过去从未发生过这种情况，他们所经历的这些就是所谓的"宣示性领导"。他们之所以震惊，是因为即便整个世界都在哭求，宣示性领导也决不妥协。结果，5 组都按时递交了成果。

后来，我们开了庆功会，互相鼓励与称赞。有些事情比最终成果更值得庆贺，那就是领导者真的是在做领导了，团队真的是在生产了，诚实守则生效了，成果也按时递交了，组织看到了新的希望，领导者与团队有了更高的目标。这一切都是诚实守则与宣示守则完美结合的结果。

如果你的行为能够唤起他人更多的梦想，学到更多的知识，采取更多的行动，有更多的成就，这时候，你就是一名名副其实的领导者了。

约翰·昆西·亚当斯
美国第六任总统

03

组建团队，唤起意义感

| 放下强制与顺从，你能唤起人们心中最高程度的意义感吗？ |

现在，你明确了自己的目标，还勇敢地向大家宣布，自己要在既定期限内完成一项特定任务，并且言出必行。这需要别人来帮助你实现这一承诺，因为只靠你自己或者任何单独个体并不会获得多少有价值的成果。本章将告诉你那些优秀的领导者和管理者在执行高风险任务时是如何召集一组人为其效力的。有这样一条守则，它可以教你如何让大家从你的角度看问题。接下来，你将会看到领导者带领一组人奋力拼搏的案例。本章的第三小节将讲述如何在团队中树立前所未有的威望。

再次强调，我故意将"群体"与"团队"对应着讲，因为团队可以说成是"群体"，但"群体"不一定就是团队。所谓的团队，就是身在其中的人能体会到"人队合一"的意义感。团队愿意穿同样的队服，有着共同的目标，对成就有着一致的认知。团队中有汇报工作的人，也有分配任务的人。团队感受是一种享受。至于你将要领导或是成为其中一员的群体，则更像是一种联合。你要解决的问题、主张的改革，都非常需要陌生人、竞争者、志同道合者、疑虑重重的利益相关者来参与和担当。那么，能够领导这一复杂组合的人就必须有着明确的目标。

这种对成为整体的希冀与追求就叫作爱。

柏拉图

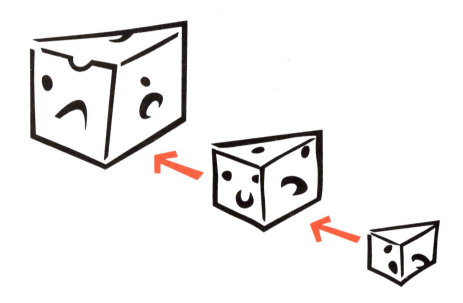

DYNAMIC INCOMPLETENESS

动态不完备

守则 7：动态不完备，共同完善总体愿景

你能创建出振奋人心且令人向往的愿景吗？

"心中没有愿景的人是不得存活的。" 2 500 年前，所罗门王就这样说过。如今的优秀 CEO 也这样认为。他们把"让员工致力于企业愿景"看作是最重要的事，同时他们也承认，做到这点是很难的。领导者的职责就是围绕企业战略方向树立发展愿景，并且鼓励员工据此采取行动。

可事实却是，领导者都不敢树立愿景。他们担心大家会不满意，那样的话，自己就成了不怎么样的领导者。其实，不敢为此承担责任的才是最差劲的领导者。他们要么选择无视，要么随便把这件事授权给低级别的管理者去做。稍微好一点的领导者则会树立很多愿景，并要求员工全盘接受并付诸行动，因为他们觉得这样做才是对的。

卓越的领导者则会通过动态不完备守则来树立愿景。他们知道这是自己不可推卸的责任，并且要努力去实现。他们会将他们认为最重要、最鼓舞人心的因素融入愿景当中去。与此同时，对于领导者来讲，明确地告诉大家愿景的细节尚待完善，同样也很重要。

接下来，领导者就会要求团队以总体愿景为框架，提出相应的想法去完善细节，这样塑造的未来才是大家都想看到的。

依照动态不完备守则树立愿景会带来以下几点好处：

◇ 领导者可以先提出一些想法，但不需要有全方位的解释。

◇ 创造空间和邀约，鼓励整个团队共创愿景。

◇ 领导者可以据此了解团队的想法。

◇ 倡导主人翁意识，"愿景设计"能够激发众人的"激情"去实现它。

动态不完备守则能够激励大家一起创造愿景，因为这之中还有很多不完善的地方。在创造之余，大家会有一种主人翁意识，这就是这条守则最有价值的地方。让团队成员拥有共同的愿景，其成功的可能性会更高。

动态不完备守则坚持这样的真理：过多的形式会造成阻力，过多的未知会造成混乱。领导者的职责就是先设定好形式与框架，鼓励大家添加细节。概括地说，这就是树立愿景的艺术。

千万不要因为愿景描述的不恰当而禁锢自己。广阔的愿景要能凝聚成几条精练的描述。企业总是想要自己的动态不完备愿景尽量全面，好涵盖对未来的一切想法。其实，愿景发展到能够直接体现大众利益就可以了。

动态不完备守则是让你实践相信定数守则的好方法。你不了解的地方就可以让他人加入进来，留下空间给这些人，让他们提供你之前并不了解的信息与想法。当他人为你完善愿景时，要鼓励这些人在你的带领下弥补不足。当他们和你在一起实践动态不完全性守则时，就会尽其所能地完善细节，还会给其他人留下空间完成剩下的。

当你深受宏伟目标所感染的时候，一些非比寻常的项目以及你的一切想法就都可以冲破束缚：你的想法不再受限制，你的意识会全面发展，你会发现自己处在一个全新、伟大而多彩的世界。长眠在内心深处的力量、能力和智慧都将苏醒，你会发现自己超越了梦想，是最伟大的。

帕坦伽利
"瑜伽之祖"

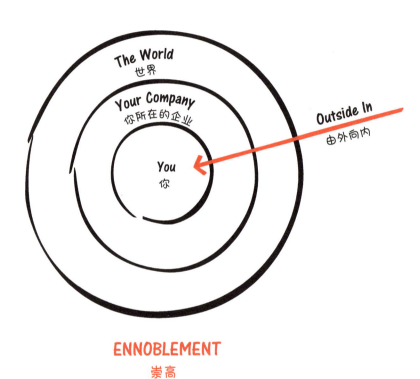

ENNOBLEMENT

崇高

守则 8：崇高，有效的愿景才能激励团队

你的愿景是否能让人更有深度、更优秀、更受人尊敬，并激励人们大胆行动？

崇高可能是最容易被大家忽视的一条守则了。下面就是几种最常见的违反崇高守则的情况：

◇　以陈述自己或自己的企业为开头描述愿景

◇　用将来时态描述愿景

◇　渴望做愿景描述

愿景要受人尊敬，首先要描绘一幅广阔世界的图景，然后是你的企业服务的社区。这个图景是对未来理想状态的现在时描述。崇高的愿景应囊括广泛反应现实的元素。

安然公司曾经做过这样的愿景描述："安然公司的愿景就是要成为世界领先的能源企业……"很明显，第一句话就违背了崇高守则。因为，这是以企业自身发展做开头的愿景阐述。那么，未来也将会是以企业为中心的。这下了解其中的玄机了吧！

以下是一家医疗服务企业根据崇高守则调整自己愿景的描述。起初，这家企业是这样描述企业愿景的：

××企业是一家以加利福尼亚州最新财政现实情况为背景而提供服务的医疗服务企业。

以下是修改之后遵循崇高守则的描述：

在××企业，我们看到加利福尼亚人在需要医疗服务的时候，能够综合考虑很多因素之后做出最佳的选择。他们的选择和取舍很明确。只要有需要，一个电话就可以解决问题，员工24小时恭候，并且客户可随意选择服务语言种类。无论他们的经济状况如何，都能得到最准确的信息，体验最周到的服务，他们可以按照意愿，做出最合理的决定。我们全体员工，（通过未来将要采取的具体措施）将让这一切成为可能。

请注意，第二段愿景的描述是从企业的服务对象出发的，接下来才定位企业的角色，即为了消费者而实现这一愿景。还要注意第二段愿景的描述时态。遵循崇高守则的愿景通常是用现在时态进行描述的。

我们要如何树立服务大众的愿景呢？首先，这个品质崇高的愿景必须超越你本身，超越团队本身，甚至超越组织本身。下面是对崇高守则的具体说明：

◇ 不要把自我或企业放在第一位，而是要把更高层次的目标放在首位。层次要尽可能
高，想象这一层次能够在某种程度上激励团队。

◇ 在这个想象的环境中描述团队的角色及其今后将如何满足消费者需求。

◇ 想象一下，为了实现这一愿景，你和团队需要怎么做。

有效愿景的树立是由外向内回答一系列问题："相对于在组织内部，在大环境中我要实现怎样的目标？"当前方的发展道路并不明确时，这样的愿景能够指明方向，能够支撑日常行为活动，能够使得愿景范围内的一切内容都充满意义，无论这内容是微不足道的还是极具挑战性的。创建组织的过程并不能让大家因为组织自身而变得崇高，只有当意识到自己在组织中的重要作用时，自己在为团队或更大范围的环境做贡献时，才会变得崇高。

从接下来的故事中，你可以领略崇高的力量：

在一个雾蒙蒙的寒冷早上，一位爱尔兰神父走在小路上。他看见前方有一队工人在发着牢骚，干活的地方很杂乱。神父问他们在干什么，最前面的那个人回答说："我们在做砖头，神父。我们得尽快，抱歉不能停下来讲话，不是

我们不尊敬您，只是我们得把沙子和水泥和在一起做砖头，得做很多砖头呢。"神父夸赞了一句就继续往前走去。

不远处，神父遇到了第二拨工人。这些人好像在做着和前一拨人一样的工作，只不过干活的地方稍微干净些，干活的人似乎看起来也更心平气和，目标层次也比第一拨人高。神父再次走上前打招呼，问他们在做什么。最前面的那个人笑着回答道："神父，我们在帮忙砌墙。现在正在和沙子和水泥，做好砖头后垒成建筑物的北墙。"神父为他们做了祷告，接着继续往前走。

走着走着，神父听到一阵愉快的歌声和笑声。绕过转弯处，他看到了第三拨工人。这些人的工作与前两拨人类似，但工作场所很整洁，砖头齐刷刷地摆在一起，大家齐心协力地干着活。神父走到跟前，大家都停了下来向他热情地打招呼。神父说："早上好啊，你们这是在干什么呀？""神父，今天可真是幸福的一天哪。我们正秉承神意建房子。等建完了，村子里的人就可以来这里集会了。现在，我们正在砌墙。其间要把沙子和水泥和在一起做成砖头，真是太幸福了。"

第一拨人只把自己当作做砖头的工人。第二拨人则将做砖头这个任务看成是砌墙的一部分——愿景更加高远，这样就变得更有意义，完成任务的意愿也就更强。第三拨人有着明确的愿景，并把自己的工作看成是整体任务不可分割的一部分。这一高远的愿景让这些人发挥出了最高的潜力水平。

将人们的意愿激发出来，让他们加入到积极的任务中，这样就能够最大限度地释放人力资源，进而超越目前所获得的成就。如果浪费了这项资源，就相当于隔断了其他人实现宏伟目标的机会。

能力的释义：

1. 行动的能力，无论是潜在的，还是与生俱来的；2. 行为表现能力；3. 行动表现技巧；4. 制造影响力的能力，不管是生理方面的还是心理方面的。

诺亚·韦伯斯特
《美国英语词典》编纂之父

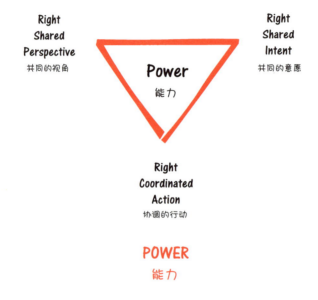

Right
Shared
Perspective
共同的视角

Power
能力

Right
Shared
Intent
共同的意愿

Right
Coordinated
Action
协调的行动

POWER
能力

守则 9：能力，打造组合团队的战斗力

你知道该如何将陌生人、竞争者、谨慎的盟友、多疑的利益相关者变成有能力

并且目标明确的组合团队吗？

判断一个团队的能力大小，就是要看其成员视角的一致程度、成员意愿的一致程度，以及成员行为的一致程度。这三类因素中，若有一类出现短板，肯定会削弱团队的能力。

能力和强制力、权力一道，是实现目标不可或缺的 3 种力量。三类因素的根本区别就在于其来源的不同。

◇ 强制力就是团队中的成员畏惧你的绝对权力。因为事实就是这样，大家如果不听话，你就可以惩罚他们。

◇ 权力就是需要你强迫员工去做一些事情，因为你被一个更大的团队授权去贯彻它的意志。权力的力量是源自团队之外的，这权力下放到某个人手中，就由这个人带领团队通过具体的方式采取行动。

◇ 能力源自团队内部，当团队成员为实现共同目标而团结在一起的时候，这种力量就产生了。与此同时，团队会推崇一位领导者，进而实现团队的整体利益。

能力守则揭示了要获得空前的能力水平所需要的 3 个关键组成部分。领导者必须努力掌握这项塑造能力的技巧，当然，这是相对于群体而言，而非一般团队。团队只是群体中的一种，其未来具有一定的有限性。全球化发展、裙带关系、系统性思维，这些都给我们带来了前所未有的机遇与挑战，没有哪个单独的组织或群体能够应付得来。这一技巧的最高境界就是在由陌生人、竞争者、谨慎的盟友、多疑的利益相关者所组成的组合团队中塑造能力。我们所生存的世界就是这个样子。

能力这个词并不抽象，你可以问团队中的成员 3 组问题，经过分析之后，你就可以估计出团队能力的大小了。能力越强，团队的收获就越多。

本书第二部分内容将为你揭晓营造组合团队能力的 9 条重要守则。这样一来，无论面对什么样的团队，你都能将其中的陌生人、竞争者、小心谨慎的盟友、多疑的利益相关者融合成强有力的合作群体。这些守则简单易懂，执行起来却没有那么容易。很多读者告诉我，他们被迫面对未知因素的时候，会反复地阅读这部分内容。

现在，大家了解了能力的含义，也知道了能力对于未来发展的重要性。接下来，就让我们学习一下如何在身处的环境中塑造这种能力吧。

每当我们放手任由事情发展的时候，似乎把一切都交给了定数。

约翰·缪尔
早期环保运动的领袖、作家

THE PRIMES

How Any Group
Can Solve Any Problem

PART 2

建立强大联盟的 9 条守则

如何在团队中塑造前所未有的能力？这个问题对你来讲重要吗？

将陌生人、竞争者、谨慎的盟友、多疑的利益相关者变成强大、有着共同目标、能够共克难关的联盟，能做到这一点的人，未来就是他们的。第二部分将通过 9 条守则来具体揭晓如何让团队中的独立个体树立共同的视角、共同的意愿并拥有协调的行动。这将让你的团队拥有前所未有的力量去对抗保守派的强大阻力。你与团队一定能有所受益。

考虑一个事实，在那些利益相关者组成的结构复杂的项目中，一半工程直接垮掉，另一半又严重超出了时间和经济成本。寥寥数个得以竣工的项目中，近半数没能实现项目的初衷。导致这种结局的大部分原因就是没能按照"从慢到快"这个节奏进行。团队一心想快些完成任务，却没能花时间树立起合理的共同视角，更没能培养起合理的共同意愿。这种行事风格很快就会拖垮项目，等到后来大家开始质问起本质问题时，比如项目的宗旨与必要性问题，进度便会一再拖延。

千万不要让项目有这样的趋势，一定要从慢到快。掌握第二部分所讲的 9 条守则，你就能感同身受地体会到团队解决复杂问题、成功发动改革或进行系统性变革的过程。

创建新理论不是像毁掉一个旧仓库，然后建起一座摩天大厦。它倒是像在爬山，越是往上越能得到更新、更广阔的视野，并且越能显示出我们的出发点与周围多彩环境之间的出乎意料的联系。克服种种阻碍之后，我们获得了广阔的视野，回过头来看，当初的起点是那样渺小，只能算是我们视野中的一个小小的组成元素，不过，它仍旧存在着，且明晰可见。

爱因斯坦

04

拥有共同的视角

> 人人都说要重视多样性。难道保持多样性的视角曾是件坏事吗？

"视角"的书面含义就是"观察问题的出发点"。如果大家都从不同视角看待眼前的问题，看待问题的根源，看待一系列后果及解决方法，那永远都不会达成一致意见。一个人的视角决定其看法，看法决定其眼中的事实。接着，大家开始争论谁的"事实"是正确的。这样的话，永远都不会有结果。

本章所讲的 3 条守则从 3 个维度对"视角"进行阐释：角度、高度、周期。因为自身因素的限制，看问题时，团队中的成员都有各自不同的角度和思维水平，在做事速度及风格上也不同，对紧急程度也有着不同的感知。

　　将几个人组成一个小组，针对所看到并讨论的问题，大家就可以有不同的角度与思维水平。共同的视角能够充实交流的内容，同时，这也是激发与获得团队力量的第一步。

一个人现在的位置取决于他之前所在的位置。

鲁弗斯·迈尔斯,《迈尔斯法则》

BLIND MEN AND THE ELEPHANT

盲人摸象

守则 10：盲人摸象，让每个成员都拥有全局观

如何帮大家看清"全局"？

很多人都听过盲人摸象的故事，其中一位摸大象鼻子的人说自己摸到的是条蛇。摸大象腿的人说自己摸到的是棵树。两人因为掌握的信息不同，所以得出了完全不同的结论。不过，只要团队中的成员了解了情况，意识到自己掌握的只是部分信息，他们就可以很快消除这些分歧。

几年前，我目睹了"摸象"理论在实际情况中的神奇力量。当时的问题是："为什么对卡特里娜飓风和海地大地震的救援如此失败？"毕竟，这些问题的背景资料是很全面的。卡特里娜飓风灾害期间，冰川融化，可很多人却因缺水致死。据美国政府提供的灾后情况报告称，在海地地震灾害过后，政府花了 10 亿美元救灾，但 50% 以上的救灾款都被浪费了。我们要研究的问题是，为什么这么多人和组织开展了善意的救援，却没有收到有效的结果？大家尤其要注意的是，这样大规模的灾难涉及多个政府机构以及下属组织，还有像红十字基金会那样的非政府组织与私人企业，大家都想在同一时间解决问题。

接着，我们采访了很多相关人士，问了如下一些简单的问题：

◇　针对灾后的救援反馈情况，你如何看待其中的问题？

◇　你觉得协调不足的主要原因是什么？

◇　你所在的组织认为应该如何解决这一问题？

关于这些本质问题，各方给出的答案五花八门，我们从中得出了一条重要的线索：大家对于总体反馈情况缺乏共同的认知。也就是说，甚至连"反馈"这一词都蕴含着不同的意义，这要看你问的是哪个组织。

我们的解决方法就是将各方召集到一起，"画一幅大象的全图"。只要我们有了共同的认知，对"反馈"有了清楚的认识，就能对问题的根源达成共识，也能更加顺利地一起前行。如果大家事先没能花时间掌握全局情况，也就得不到让人满意的结果。

说到画"大象"，你不用非得是位画家，也不用画得很完美。只需要拿一个白板或一张纸，画一幅图，能回答这个系统是如何运作的。如果你最后画了好几幅图，不要惊讶；如果非得画几张草稿才能从中挑出一张有用的，也不要气馁。时刻谨记，整个过程中最重要的就是沟通。整幅"大象"图清楚地展示着全局的进展情况。当然，在画这幅图的时候是有规矩的：并不是所有的图都有用，只有一部分可以用。所谓有用的图就是能够为大家展现最为合适的角度去看问题，根据自己的所见去讨论问题以及解决措施。

最后一项重要的事情：千万不能让第三方代你去画，要直接与相关人员一起完成。共同创作的过程能够激起大家的主人翁意识，而且创作者会珍爱自己画的图。大家为何不能一起享受乐趣呢？

问题不是找不到解决方法，而是看不清楚问题所在。

G. K. 切斯特顿
美国作家

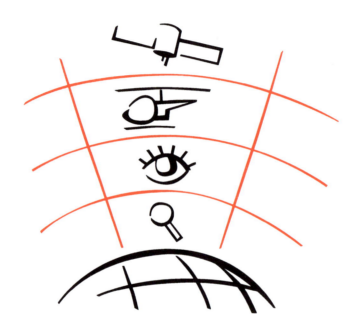

LEVELS OF PERSPECTIVE

多层次视角

守则 11：多层次视角，找到解决问题的最佳视角

如何让大家看到同一个"全局"？

在理解范围与抽象程度上，多层次视角守则与盲人摸象守则类似。这要看你想做什么，总会有一处最佳的视角。

请看下面的例子：

你在一个十字路口遭遇了堵车。眼看着开会就要迟到，你开始焦急沮丧起来，无奈地看着交警疏导交通。打开车载广播的交通频道才得知，原来是因为前面几公里处有一辆卡车坏了。即便交警马上赶到你所在的十字路口，他也仍旧无计可施。在这件事情上，最佳的视角就是从高处往下看。从这个角度看，车辆就成了多个点，在川流不息的交通中，可选择的最佳路线就变得很清晰了。

现在，假设你是故障车辆的处理人。那么，周围道路的卫星图像对你来讲显

然毫无用处，因为你现在面临的问题需要做细致处理。你得仔细研究车辆，看看是哪里出了问题而导致不能正常行驶。在这件事情上，最佳视角的选择并不容易。

团队中每一个参与解决问题的个体都会从某种视角和高度看待问题。而窍门是要让大家从同一个最佳的视角看问题。通常情况下，从大局出发往往是最佳的视角，比如上述例子中通过卫星图像或者直升机从高处了解全景。一旦发现了问题的切入点（车载广播）和根源（故障车辆的信息），你就会想进一步了解情况，并通过各种细化的手段去进行定位。

我发现，人们往往会不加选择地运用诸如六西格玛、全面质量管理之类的管理方法去应对问题。的确，这些方法确实管用，但大家只会盲目地利用，没有考虑其最佳适用环境，结果往往导致问题在管理团队中流窜。只有在团队了解了问题的根源与切入点之后，才可以考虑运用这种"万能"工具。

决定自己想做的事，以及什么时候做，这是一种创作。

彼得·麦克威廉
作家

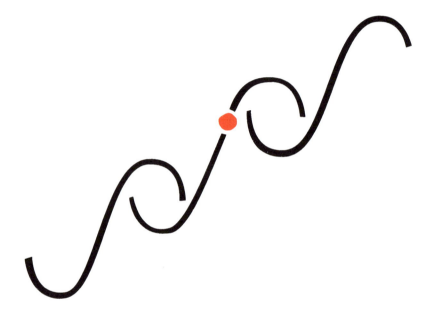

S-CURVES

S曲线

守则 12：S 曲线，让团队快速达成共识

如何引导人们建立针对当前的共同认识？

在为大家树立共同视角的时候，S 曲线守则发挥了重要的作用。具体来说，针对一些问题，比如："我们需要做出改变吗？""如果要改变，那需要多快？" S 曲线是一条让两个或两个以上的人建立起共同认知的快速而有效的渠道。

说到 S 曲线守则，我是在 20 世纪 90 年代早期为安达信会计师事务所（Arthur Andersen）做大型国际项目支持的时候领悟到的。那时候，查尔斯·汉迪（Charles Handy）在伦敦商学院做客座教授，他通过一个故事为我们解释了 S 曲线的含义，并将此概念运用到了安达信案例上。

故事发生在都柏林一段没有路标的地区。汉迪当时在都柏林后山迷了路，于是去问路。这时，一位爱尔兰老人走了过来，告诉汉迪，沿着路一直走到戴夫酒吧就可以。等汉迪到了那儿，发现自己需要往回走 1 里地，然后朝右拐。

S 曲线既针对产品、组织、关系及系统，也针对历史、罗马帝国、美利坚帝国以及生命本身。正如这些曲线一样，每个系统都有"起步"的时刻，有向上发展的时刻，接着，如果没有什么改进的话，就不可避免地走向下坡路。但希望还是存在的：可以在第一条曲线还没有朝下发展的时候就建立起第二条曲线。不过，要在第一条曲线开始接近峰值的时候就画新的曲线。矛盾的是，第一条曲线到达峰值之前似乎所有事情都是那么完美。S 曲线守则能让主张改革的领导者勇敢地说："如果现在没有衰败的趋向，说明此刻也许就是跳转到下一曲线的理想时刻。"

所有事物的发展都遵循 S 曲线理论，因为它影响着一切事物。就拿微软的 DOS 系统为例。即便微软继续改进 DOS 系统，又有谁会真正在意呢？微软所处的 IT 环境急速发展。在它转而发展 Windows 系统的时候，DOS 系统仍旧能够赚到钱，但微软也因此而错失了从 Windows 转型到互联网的最佳时机。当 Alta Vista 搜索引擎与网景公司（NetScape）发展起来的时候，微软就已经落后了。幸运的是，微软有着强大的实力挽回局面，但转型的代价极高，企业也丢失了市场份额。如果 IT 企业还没有转而发展云计算或者共享服务，那它们很有可能就不再有立足之地了，无论它们当时多么赚钱。

大多数人和组织都会拖到不能再拖的地步，直到进入 S 曲线中的下滑部分。不过，真的到了那个时候，无论是钱还是利益，甚至是人们的意愿，都会大幅度下降，甚至完全丧失。

你与你的团队目前处于 S 曲线的哪个阶段呢？在这个问题上，大家要保持一致的看法，这一点很重要。

之前讲述的画大象的过程也同样适用于 S 曲线守则。将大家召集起来画 S 曲线，问问大家，组织目前正处于 S 曲线的哪个阶段。待大家发表完意见之后，一定要注意意见之间的分歧。让那些持有极端不同意见的人分享他们的看法。我保证，这个过程将非常有意义。持续讨论，直到大家在 S 曲线所处阶段这个问题上达成共识为止。这将对团队产生深远的影响。

当你了解自己真正想要什么的时候，实现目标的可能性就越高。

彼得·迪吉亚马里诺
IntelliVen 公司 CEO

05

确立共同的意愿

| 如何引导团队树立目的意识？ |

共同的意愿是能量三角形中的第二个角。它不是一种自然而然能达到的组织联盟状态，理想的组织联盟状态是整个组织都知道共同的目标是什么，什么时候能达到这个目标；如果失败，会导致什么，如果成功，会收获什么。

所以要特别注意一下接下来所讲的 3 条守则。"当务之急""均衡""利害关系"是我们在三十多年前最先发现的几条守则，这些守则能够历久弥新地适用于大部分的情况，而且在利益相关性较为复杂的情况下，也是获得有价值成果的重要影响因素。

在拜访心理学家多里·奥朗代（Dory Hollander）的时候，我意识到了意愿的重要性。奥朗代是我多年的密友，当时她正在与癌症抗争。我知道，这将是我最后一次与她聊天了。我当时问她："如果只给你一次机会，让你给如今刚刚进入职场的年轻人一些建议，你会说些什么呢？"奥朗代笑着说，在她导师大限将至的时候，她也问了导师同样的问题，她觉得那是目前为止最为合理的答案。她说："那就是在各方面都坚持初衷。"

在一个学习型组织中，领导概念的树立是从创作性张力开始的。创作性张力源自对目标、"视野"的明确认识，以及对实际所处阶段、"当前现实"的认知。两者之间的差距会自然而然地造成一种张力。

彼得·圣吉
当代管理大师

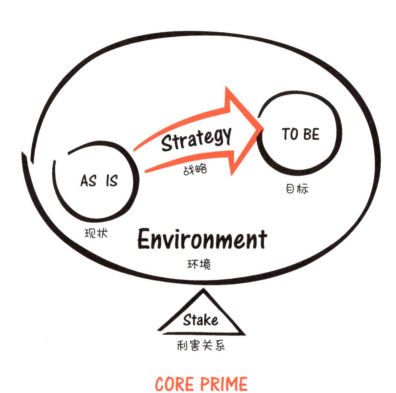

守则 13：当务之急，建立高度持久的共同目标

如何帮团队把注意力放在正确的事情上，并让其感受到行动的紧迫性？

当你需要争取其他人的帮助来实现你的目标时，必须懂得运用关键技巧来号召大家，而绝不能是让大家简单地顺从。你的愿景一定得起到激励的作用，让大家自愿做出承诺，并采取行动。这种号召能够在利益相关者之间引起一股创作性的张力。他们知道自己目前的位置，知道自己要做什么，知道这一阶段的重要性。

当务之急守则包含 5 项重要的协议，这会产生创作性张力，并建立起高度持久的共同意愿：

◇ 现状。利益相关者必须明确现状和全局，这里强调事实情况，而非理想状况。

◇ 环境。利益相关者必须对周围环境有一致的认知，他们自己影响不了周围情况，但周围情况可以影响他们。

◇ 利害关系。如果故步自封不做出改变，将会付出何种代价，利益相关者必须对此有共同的认识。

◇ 目标。大家必须对未来有着共同的愿景。

◇ 战略。如何打破现状并重新描绘发展路线，大家一定要达成一致意见。

当务之急守则贯穿整个过程。这是不可变的，不可以被打断。5 项协议中，哪怕有一项被撤掉，整个过程就会分崩离析。当务之急守则不仅是不可变的，也是不可逆向的，没有所谓的学习阶段曲线。做对了，就可以通关；做错了，就会面临失败。

为了践行当务之急守则，你必须与团队坚守这 5 项协议内容。每做到其中一项，你就问问自己："还有改进的余地吗？"

协议 1：现状

阻碍一直存在，顺境总会消失。

大家决定跟随你之前，必须先信任你。你让这些人接受事实的能力（而非你想让他们接受什么），决定着作为领导者的你将如何获得别人的信任。要想证明你对当前事实的掌握情况，你就得这样说："目前事情就是这样。"得让其他人有这样的感觉："嗯，我也觉得事实就是这样。"

阻碍一直存在，顺境总会消失。所以，要说出并接受一切美好的事物、不好的事物、丑陋的事物。如果你对事实情况一直支支吾吾，大家刚开始可能会出于礼貌听你讲，但很快就会转身走掉。那些不尊重事实、不愿承认事实的领导者往往得不到他人的信任。这项协议是完全以事实为基础的。你必须先把主观判断与埋怨情绪放到一边，让大家毫无顾忌地把自己的观点说清楚。

陈述显而易见的"现状"，能够获得大家的信任，仿佛这已经成了一种共识。不过，大多数领导者往往做不到齐心协力与真诚。对世界全面的了解是一切事物发展的基石。最终，团队将建立起对"现状"的共识。这一协议是当务之急守则中最难以达成的一条。

协议 2：环境

认识并利用不可控的环境因素。

这部分内容将帮助大家辨认那些推动或阻碍你进步的外在力量。这些力量围绕在你左右，你却没办法对其进行控制，经济因素就是其中之一。绝大多数人都觉得无法直接影响经济因素。如果人们再继续坚持开旧车的话，那修理公司可能就要面临经济寒冬了；如果房地产销售市场遭遇销售滑坡的话，那房地产开发商可能就会遭遇同样的不景气。

在对当务之急守则进行说明的时候，"现状""目标""战略"都要受"环境"的影响。在这种情况下，宏观因素目前对团队有着什么影响，或者将来会产生什么影响，团队成员必须对此有共同的认识。诸如就业、能源成本、利率以及房价的整体发展趋势，都是大多数人无法控制的宏观因素。不过，那些能够给团队带来重大影响的因素还是必须紧密关注的。

发现不可控因素并不意味着对其置之不理，这就好像是爬山忘了看天气。你花了很大力气打包好最强装备，信心满满地整装待发，却没有看天气预报。虽然你控制不了天气，但它可能会对你产生决定性的影响。所以说，无视这些因素，可能会让你面临生命危险。

接下来的问题就是，你是想与环境抗争呢，还是想顺势利用环境？请多多关注那些不可控的因素，因为它有可能出乎意料地助你一臂之力。如果无视它，就不知道会有怎样的后果了。

协议 3：利害关系

守护最重要的协议！

"利害关系"代表"成功的支点"。运用得当，大家就可以实现"目标"；运用不当或者没有给利害关系以适当的关注，就得原地踏步。人们倾向于维持现状，就好像他们的人生需要靠稳定的环境。利害关系协议回答的是以下问题："如果没能实现目标怎么办，要继续手头的工作吗？"

有多少战略性计划被束之高阁？有多少次，总是抱怨体重并发誓要减肥的朋友并没有说到做到？有多少次，温室气体减排的目标并未得以实现？无论大家对"现状"如何抱怨，无论"目标"有多么鼓舞人心，只要是没能在关键时刻冒险殊死一搏，就不会有任何进展。

对于保守派来讲，这种"利害关系"似乎比一跃置身于未知的未来更加危险。"利害关系"是致力于解决问题、实现改革或变革的关键环节。成功实际上是建立在"利害关系"之上的。

接下来的几章中，我们将回答这个问题："那些利害攸关的事是什么？"回答这一问题不只是要避免产生负面结果，同时也是打消保守派心中的疑虑。在这一环节上一旦失手，你将错失实现理想的机会。

协议 4：目标

重新规划未来。

视野会为每一次努力和每一个目标创设背景。此话题将让大家站在更高的高度谨慎地表达自己的观点。它有助于我们提升自信、增强洞察力、获得新视野。"目标"能够让人们像听到马丁·路德·金说"我有一个梦想"时那样热血沸腾。凡是优秀的领导者，都应该与下属怀有共同的美好愿景。树立愿景的不只是你，也不应该只是你，即便你有这个能力。

我们已经知道，最伟大的愿景应具有动态不完备特征，而且一直如此。愿景是永远都具化不完的，因为细节是要邀请其他人一同来完成的。

前4项协议为我们树立了一个共同的创作性张力。大家对目前的状态（现状）、前进方向（目标）、行动的重要理由（利害关系）达成了一致意见，还了解了那些既能够鼓舞我们也能限制我们的因素（环境）。只有到了这一步，团队才算得上是有意愿、有能力建立发展战略了。

协议5：战略

向"目标"看齐。

你已经表达了自己的愿景，也按照要求将众人召集了起来。接着，诚实守则将取决于如何确定"战略"：由谁来做，什么时候做，做什么。"战略"这一概念往往会引起负面影响，因为有太多人含混不清地参与这一过程。经过几年来的努力，我们发现了一系列建立并执行强大战略的重要原则。

当务之急守则表明，有效的战略能够将大家从现状中解救出来，鼓励人们实现未来目标，因为成败事关重大。

在建立并阐明战略的时候，你很有可能会把大家对过去与未来之间的分歧转移到接下来的行动中去。不过，只有当你把全部精力都放在为数不多、能改变现状的几个最重要的关键点上时，这种事才会发生。如果你的战略不能对改革以及接踵而至的混乱所带来的能量进行分配，那么整个过程将会完全失控。

战略能够解除视"风险"为危险的保守"现状"与"目标"愿景之间紧张的创作性冲突。无论何时，不可能有多个战略，你手中有的东西与你想要的东西，两者之间的矛盾只有一种战略能够解决。这个战略的目标就是围绕愿景将你必须做的事阐述清楚。

僵化本身就是一种死亡，想象本身就是一种疯狂。

格雷戈里·贝特森
著名社会科学家

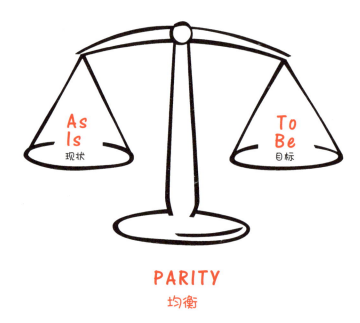

守则 14：均衡，合理分配关注度

事实分析与想象的理想比例是多少？

说到召集他人发动改革或变革，当务之急守则揭示了要开展哪些话题，均衡守则将告诉你该如何开展这些话题。

均衡守则旨在让大家对当务之急守则中的 5 个话题保持同等关注与展望。过度分析现状和即刻建立高层次愿景，这些举动是不明智的，也是无用的。另外，虽然对现状及目标保持高度关注，但对"战略"与"利害关系"只耍嘴皮子功夫，这样做也是不可取的。这里所讲的均衡就是要教会你如何在当务之急守则的 5 个组成部分之间合理地分配关注度。

过去几年，我注意到，有些团队把过多的注意力放在了当务之急守则中的一到两项内容上，对其他内容的关注明显不足。这样的团队分以下 4 种类型。

类型 1，分析瘫痪型

分析瘫痪型团队的特点就是，团队中的大多数人都喜欢谈论当前的状况，却从不谈及如果不做出改变将面临什么危险。这类人过于强调内省，通常对创建愿景的想法持排斥态度，甚至有可能认为自己没有权力那样做。对于旁观者而言，这样的团队与受害者无异。

类型 2，天马行空型

这类团队最喜欢畅想未来，性格与分析瘫痪型完全不同，因为这类团队认为现实状况乏善可陈，甚至对此不屑一顾。他们自认为理解"利害关系"的含义，其实不然。不幸的是，由于对现实状况的不甚了解导致他们看问题脱离实际。他们似乎缺少信誉而且不切实际。这些人所树立的愿景往往没有激励的效果，甚至对他们自己都没有作用。

类型 3，模糊不清型

这类团队的特点就是，没有耐心去研究和探讨"现状""目标"或者"利害关系"。这些人是典型的 A 型性格，固执己见。这类团队中的成员只想从事"具体工作"，他们从头至尾都没有过一致的意见，因此往往力不从心、效率低下、成效不高。

类型 4，均衡型

这类团队做事的节奏喜欢由慢到快。团队成员肯花时间针对当务之急守则中的每项协议让利益相关者达成一致意见。他们严守"互惠原则"，该原则表明，在"现状"方面形成的一致看法有助于大家对美好的"目标"进行深刻的理解，同时对"利害关系"也有着深刻的体会，这些都能够为将来的行动提供强大的动力。有了一份令人信服且可操作的战略后，剩下的就是组织团队行动。

均衡守则不只是一种指导方针，它与当务之急守则一样，时时刻刻都不能违背。

一个人需要经历三重皈依：头脑的皈依，心灵的皈依，钱包的皈依。

马丁·路德
宗教改革家

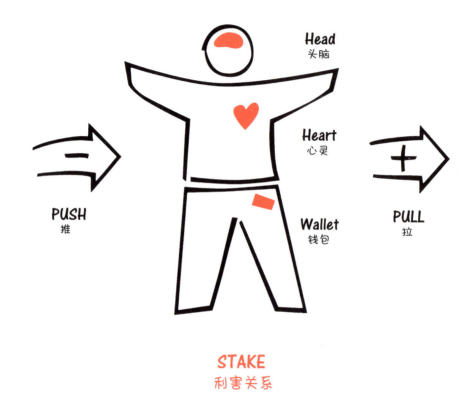

守则 15：利害关系，综合考虑各种因素

如何让团队成员都参与进来？

当务之急守则图示的底部还有一个标着风险的小三角形，它就是解决问题、实现改革或者系统变革的燃料。其实，成功就是建立在利害关系之上的，就好像是成功的支点。当组织的改革进度迟缓或面临失败的时候，通常都会把我叫去。到那之后，我做的第一件事就是针对大家对利害关系的认知情况做一下评估。坦白说，多数情况下我都不用去核实，立马就能得出结论，改革措施既然被拖延，就说明大家对利害关系的认识一定是不清的。否则，系统改革就会顺利进行了。就是这样简单。

人们都喜欢谈论生活方式上发生的大变化，以及为实现改革所做出的努力。比如，他们可能表决心不再吸烟，践行锻炼计划。可情况往往是，第二天你发现他们仍旧在聊天、吸烟。人要想做出改变并没有那么简单，除非自己珍视的东西受到了威胁。那么，对于能给保守派构成足够威胁的利害关系来讲，我们必须相信，与其保守，还不如踏上未知旅程去探索未知的未来。在这里，虽然愿景很重要，但光有愿景还不够。

被你招募到变革队伍中的人，恰恰是听你派遣、支持你的人，他们会提出一些合理的问题与疑虑。那些人甚至在进办公室之前还会对新制订的协议心存疑虑，他们会想："我将担当什么职责？"这些人的思虑相当周全，会考虑自己听命做什么、到自己的办公桌会搬到哪里。

任何改革或变革实现之前，大家都必须对此坚信不疑。所以，无论是组织层面、团队层面，还是个人层面，都必须践行利害关系守则。这就是我们细致入微地分析利害关系话题及其机制的原因。透过这些分析，我们才能实现改革。

通过号召以下 3 类人，利害关系守则提醒我们要综合考虑"改革因素"：

◇　用头脑倾听的理性人群

◇　用心灵倾听的感性人群

◇　用钱包倾听的逐利人群

当你参与的重要项目需要大型团队加入的时候，就会遇到以上 3 类人。动机具有个体性，每个个体都是独一无二的。为团队成员明确利害关系并树立动机，这种事没有一成不变的行事原则。因此，你必须弄清楚不同团队的倾听方式。

有关利害关系的讨论能够带领大多数人快速避开或者摆脱痛苦："如果不改革，我们就得遭殃！"人们往往还会有追求快乐体验的倾向："如果实现了愿景，想想我们将得到的好处，能赚多少钱！"有效的利害关系对话必须同时强调不利的方面（需要避开的），以及积极的方面（人们的期望）。

"利害攸关的事是什么？"针对这一问题，利害关系守则给出的答案包含 6 个组成部分。创建愿景时，一定要与理性、感性、逐利这 3 类人谈好，说清楚原地踏步将导致的消极后果以及向前看的益处。

21 世纪初，金融危机袭来，当地食品银行（接济当地穷人、发放食品的慈善组织）清楚，市场对于这类服务的需求大幅上涨，超出了它们的能力（推—理性）。结果，越来越多的人在挨饿（推—感性），义捐之举骤减（推—逐利）。与此同时，它们想到与餐馆和食品杂货店结成合作伙伴，通过提供大量可食用的食物以消灭浪费（拉—理性）。后来，它们进一步筹划起组织目标的变革——从"食品发放"转为"健康和营养服务"（拉—感性），一切都以符合成本效益的方式进行（拉—逐利）。

在规划大会上，几乎所有人都会抱怨现状。他们会积极开展深入对话，着力解决问题，实现变革目标。这些人甚至会摇旗呐喊。但是，除非有人站出来说清楚改革在理性、感性、逐利方面给大家带来的收益，否则他们都会回到原位，继续抱怨事情应该是怎样的。

思考一下利害关系守则涉及的 6 个方面内容：头脑、心灵、钱包，还有与之对应的推 / 拉作用，将来你就能有力地说服大家接受统一愿景，在践行变革的过程中摆脱保守思想的束缚。

不管是组织层面还是个人层面，利害关系守则都可以奏效。因此，必须在团队成员明确自身利益的基础上才能开展冒险之旅。

所有冒着巨大风险获得成功的人都是迎难而上。他们能够自我救援。除此之外，在行程伊始，一些可知与未知的有效因素也会帮助他们。无论遇到何种障碍，他们都会一直前行。

W. C. 斯通
企业家，慈善家

06

采取协调的行动

| 如何让团队做到事无巨细，又学会抓住重点? |

我在华盛顿特区领养了 6 个孩子，我看了他们从小学到高中的很多场足球比赛。刚开始的时候，孩子们会冲着球一拥而上。随着时间的推移，成员的角色逐渐清晰起来，规则也逐渐趋于统一，一阵混乱的争抢就变成了一场秩序井然的比赛。其中的关键就在于个人行为的协调一致。

掌握了接下来要讲的 3 条守则，团队成员就能有出色并协调一致的表现。

◇ 团队成员必须对出发点、行进方向、行进路径保持一致看法。

◇ 你要知道如何带领团队顺利完成原定计划，一旦出现问题，还要懂得如何应对。

◇ 你要辨别出团队在无效行为上浪费的时间，而且要尽量缩减。

协调的行动是能力守则中所讲的最后一种。其他两种，共同的视角及共同的意愿也很重要，但如果团队没能努力得出真实而有效的成果，这两种就是没有意义的。在协调行动上，你创造的是永恒的价值。

凝聚力释义：

    1. 粘在一起的行为。

诺亚·韦伯斯特
《美国英语词典》编纂之父

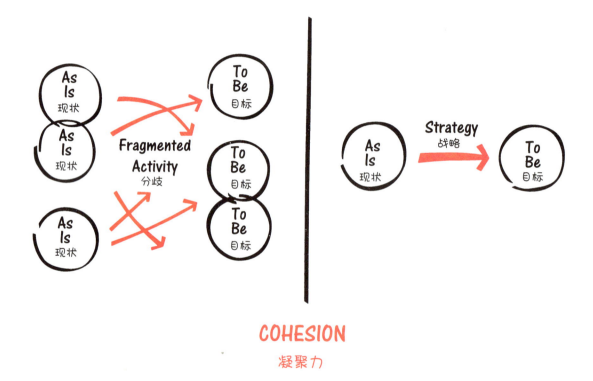

COHESION

凝聚力

守则 16：凝聚力，尽早解决分歧

凝聚不是一种自然而然的团队状态。你擅长塑造并维持这种力量吗？

团队在迎接挑战的时候，凝聚力可算得上是最难搞定的因素之一了。针对以下 3 个问题，如果大家给出的答案是一致的，凝聚力就产生了。

◇ 我们要从哪里开始？

◇ 我们的目标在哪里？

◇ 为了实现目标，我们该怎样做？

团队成员之间的凝聚力不是一种自然而然可获得的状态，需要不断地维持。如果缺少了它，团队中就可能出现或轻微或重大的问题——大家对当前的状况、改革的紧迫性、行进目标会有不同的看法。发生这种情况是自然的，不过，这些分歧若得不到解决，就会离散团队的力量，削弱团队的实力，还可能导致激烈的冲突。凝聚力守则告诉我们，大家会在不同的紧张程度下，因为不同的动机而做出不一样的行为。所以，事先要想到可能产生的分歧，但一定要坚持巩固并维持凝聚力。

成功，就是为了你渴望实现的目标竭尽一切力量。

威尔弗雷德·彼得森
广告公司创意总监，作家

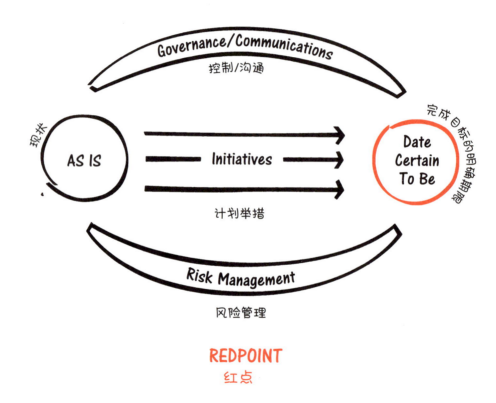

REDPOINT
红点

守则 17：红点，集中精力做最重要的事

"什么事情才是重要的？"这个问题问得好。

"在所有重要的事情当中，最为重要的那几件是什么？"这个问题问得更好。

20 世纪 70 年代中期，德国攀岩界传奇人物库尔特·艾伯特（Kurt Albert）在起点处画了一个红色的标记。他的技术非常高超，在不使用任何辅助设施的情况下，只用双手、双脚与手臂就可以攀岩。在很大程度上，艾伯特的这个红点为 10 年后兴起的自由攀岩运动奠定了基础。从我们的角度来讲，红点代表着领导者与团队克服困难、实现愿景、探索未来的开始。

红点守则的含义可以用一个词来概括：集中精力。这是一条由"现状"通往"目标"最快、风险最小的渠道。它囊括了一个简单的概念：相比每件事都只做一点点，卓越的领导者与团队只做为数不多却最为重要的几件事情。这样，他们就能够履行承诺，按时实现"目标"。

回想当务之急守则所讲的内容可知，从"现状"到"目标"，这是极为必要的，因

为有些重要的事情是需要冒风险的。创作性矛盾就像行动指令一样一直存在着。战略箭头代表着团队在实现从"现状"到"目标"的过程中可能采取的行动。红点守则将告诉你如何完成这一旅程。

在具体了解红点守则之前，首先要知道，从"现状"到"目标"这一旅程本身就存在风险。目前为止，美国政府为了提升联邦航空局空运系统、美国社会保障总署、美国国税局税收登记流程以及美国政府物流服务署的现代化水平，已经投入了数十亿美元。近十年来，美国政府一直尝试将企业资源管理系统与联邦政府日常管理程序系统融合到一起。2009 年，据美国政府审计局报道，在耗时 4 年、耗资 1.7 亿美元之后，联邦调查局最终放弃了"虚拟案件档案"系统的建立。与此同时，在耗时 8 年、耗资 1.67 亿美元之后，美国退伍军人事务部放弃了耐心预约系统的研发。所有这些项目都败得干净利落，也没让大家有过多的期望。

诸如此类的案例数不胜数，类似的结果也并非只是政府行为。私人企业的例子更是让人瞠目结舌。根据相关统计，IT 界的项目有着高达 70% 的失败率。一项研究发现，大约有 50% 的 IT 项目都是"过眼云烟"，意思就是，以下 3 种描述中，这些项目至少符合其中的两种：

◇ 项目所需用时比原计划多 180%

◇　项目成本比预算多 160%

◇　按照预期提交的成果还不到原计划的 70%

类似的败局不只存在于技术领域。相关数据显示，企业合并与重组的失败率在 40% ~ 80% 之间，而股东收益情况的失败率居然高达 83%。

接下来要讲的这些守则至少能够避免让你犯类似的致命性错误。红点守则由 6 个因素组成，其中两个已经在当务之急守则中提到过，那就是"现状"与"目标"。接下来，就让我们了解一下其他 4 种因素吧。

计划举措

计划举措就是那些有目标、开始时间、阶段性成果以及具体完成期限的项目。在多数有效的计划举措中，任务的分配涉及一些本质性问题。比如："为了实现目标，我们该做哪些重要的事情？"这种问题一般就不要问，换做经验丰富的专业人员，他们会问："从'现状'起航，在驶向'目标'的航程中，我们有很多重要的事情要做，这其中有哪些最重要的事情（1~3 件），需要我们在接下来的 6 个月、12 个月或 18 个月内必须完成？"

后一个问题能够让大家把主要精力放在主要事情上，而且督促大家注意时间问题。

在实现"目标"的过程中，无论要花多长时间，都要设定阶段性红点期限，要么是 6 个月之内，要么是 18 个月之内，这一点十分重要。时间若是再延长，可能就不会有那么多精力了。每个红点都需要设定清楚，这样一来，每完成一项，我们就离最后的成功近了一步。

计划举措需要有领导者，我们暂且就称其为"推动者"吧。在大型项目中，"项目管理者"可能就是推动者，来协调大家的沟通交流。

计划举措需要另外 3 种因素的支撑：控制、沟通、风险管理。

控制

那些手中掌握重要权力与资源的人，必须准备好利用压倒性的影响，快速解决那些"蹩脚之士"可能无法应付的问题。

沟通

那些负责为大家建立信息共享桥梁的人，必须以让团队成员坚守承诺、保持冲劲的方式进行交流。另外，还要消除阻力。

风险管理

这些人的职责就是预测风险，当进度、质量、成本发生问题时进行适当干预。

在践行战略规划的过程中，组织会采用不同的原则。与这些原则相比，红点有以下 6 种不同之处，因为红点需要问清楚以下问题：

◇ 谁帮助谁？领导层通常委托别人实施战略规划。他们往往觉得，在必要时查看工作进度、帮助执行团队就足够了。但这种做法很少奏效。红点执行团队尽管有其他人，包括他们领导者的帮助，但他们自己对成功直接负责。当然了，这需要随时保持警觉以保持方向。实际上，红点守则要想奏效，需要领导者采用前瞻性的措施，承诺按照期限交付成果，以此清除通往变革途中的一切障碍。

◇ 谁拥有至高无上的权力？通常，在问题解决型、改革型、控制型团队中，大家会定期碰面，把多数时间都浪费在了寻找共同出发点上。红点型团队只有在出现问题时才会召集大家，而且结果能否成功取决于解决问题的速度。

◇ 谁最需要信息？非红点团队中那些负责沟通的人，很少会为战略执行过程中出现的阻力负责，也不会通过信息共享去巩固组织实力。有效的沟通能够为众人扫平前进的道路，加强相互间的理解，帮助大家接受正在发生的变化。

◇ 方向在哪里？"记分员"的眼睛总盯着后方，向大家汇报已经发生的情况。红点记分员则是朝前看，预测即将发生的情况，并想办法消除风险。

◇ 何事耽搁了既定期限？红点型团队不会在一个项目中做出让步。在其他类型的团队中，当有人想出了一个新颖且有价值的想法时，团队可能会因为实现这一想法而延迟既定期限。但在红点型团队中，如果有新想法出现，大家提出的第一个问题是："我们能在保持进度的前提下采用新想法吗？"如果不能，这个想法就暂且搁置，以后再商谈。当既定期限迫近时，红点型团队就会缩小任务范围，但并不影响成果质量。如果领导者做到了这点，团队成员将受到极大的鼓舞。

◇ 何时将近尾声？凡是进展顺利的红点型项目，紧迫感总是能帮助团队从一开始就保持较快的节奏。当大家开始有懈怠迹象的时候——周期大约是每 6 个月左右，就需要一边肯定团队的成绩，一边继续督促，同志们仍需努力。

对于有些领导者来讲，红点守则可能"似曾相识"，尤其是当它作为一条守则跃然纸上时，就更加证实了自己之前的想法是对的，只是没能表达出来。或许，你所从事的项目并不适用这些原则。相信你有这样的辨别能力。

相信红点守则让你有了豁然开朗的感觉。下次有人要求你加入或领导一个团队的时候，记得换一个角度考虑红点守则。如果你现在是一个团队的成员，请将书中所讲的与你所在的组织做一下对比，假设采用了红点守则，团队将会有怎样的发展。接下来的几条守则将进一步揭示红点的几层含义。

我们的所言所行大都是不重要的。如果能减少些这类内容，你将省出更多的时间，享受更多的平静。请时刻提醒自己："这件事有必要做吗？"

马可·奥勒留,《沉思录》

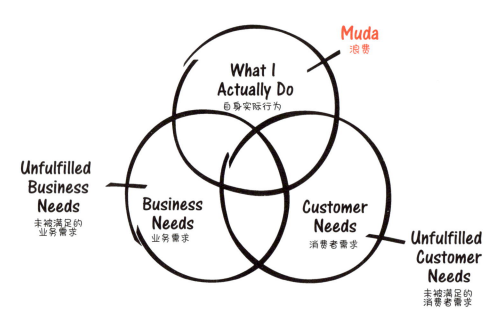

守则 18：浪费，检验是否实现最优化利用

你能辨别"无价值行为"吗？团队中的资源有多少是因此被浪费的？

"MUDA"是日语，意思是"无价值""浪费"。在你没能集中精力的时候，浪费就产生了。它无声无息、持续不断地慢慢成长着，直到影响系统运转、耗尽系统资源为止。会议就是浪费的一种巨大来源。据 2005 年美国劳工统计局报道，每年的非必要性会议耗掉了美国商界将近 370 亿美元。

任何时候在做一件事情时，这件事要么能对业绩有帮助，要么能给消费者创造价值，要么能两者兼顾，否则就是在浪费资源。浪费守则将时间去向划分成以下 7 种类型：

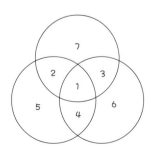

◇ 1. 此处花费的时间兼顾消费者需求与业务需求

◇ 2. 此处花费的时间严守业务需求

◇ 3. 此处花费的时间严守消费者需求

◇ 4. 此处花费的时间既非完全满足业务需求，也非完全满足消费者需求

◇ 5. 此处花费的时间没能满足业务需求

◇ 6. 此处花费的时间没能满足消费者需求

◇ 7. 此处花费的时间既不是满足业务需求，也不是满足消费者需求

如果你对消费者需求与业务需求十分了解，那么离既定期限越近，或者可用资源越稀缺，你就越能辨别出哪些事情是无价值的事情。当你缺乏目标或者拥有丰富的资源时，很难认出无价值行为。我曾对我的客户们做过非正式调查，以确认在他们最近接收的 10 封邮件中，有多少是无价值的。答案在 8~9 之间。在处理电子邮件这件事上，将近 80% 的时间都是浪费的。

浪费守则旨在通过快捷的方式对一切可用资源进行持续密切的关注，以保证其在最为重要的消费者及业务需求方面实现最优化利用。如果你与我一样，那你每天都是在"做事"。浪费守则就是用来检验你所做的事是否合适。只要对事实有所了解，可以很容易地消除浪费：

◇　不要再把时间与精力浪费在没有价值的事情上。

◇　学会把闲暇时间与精力放在那些未被完全满足的消费者需求与业务需求上。

冒险是一条道路。真正的冒险是自主、自我激励，常常充满风险，它会逼迫你与世界亲密接触。世界就是这样，而不是你想的那样。你的肉体会重重地跌在地上，还要承受这一切。在这条路上，你会被迫与人类无限的仁慈和无尽的残忍做斗争，也或许你会意识到自己也能做到仁慈和残忍。这条路会改变你。世间的一切不再只是单纯的善与恶。

马克·詹金斯
美国著名街头行为艺术家

THE PRIMES

How Any Group
Can Solve Any Problem

PART 3

提高团队绩效的 12 条守则

高绩效团队有哪些低绩效团队所没有的知识与行为?

目前为止讲的 18 条守则能够引导你与你的团队释放更多的能量,采取初步行动。这些都很重要,但还不能保证你的成功。你与团队还必须事先做好准备,来应对当前瞬息万变的情况。接下来要讲的守则将教你如何通过计划之外的渠道来保持团队的力量以及表现,直到获得想要的结果。

首先,你与你的团队必须能够应对客观事实,还要能够根据具体形势果断做决定。你需要判断,什么行为能够容忍,什么行为绝对不能接受。其次,团队中的所有成员必须彼此坦诚相待,有求必应,还要相互信任,相信彼此的承诺。最后,团队还必须做到开诚布公，在追求成功的过程中，无论何种需求，都要大胆地说出来。

　　第三部分要讲的这些守则属于十分珍贵的生存技能。但凡接触过守则训练的人都会说，里面介绍的内容具有广泛的适用性，既适用于企业，也适用于个人生活。

07

让个人参与团队决策

> "决策"一词到底是什么意思？要怎样做决策？

在一家存在问题的企业中，进行决策的时刻是最刺激、最重要的时刻。本书中所说的决策，是一种"非可逆性资源分配"。

团队可能会利用头脑风暴来产生想法，获得"锦囊妙计"，实现目标。团队中的一些成员可能开了个好头，提出了各种想法。然而，对于某些人来讲，投入的精力唯一能产生价值的方式就是做决策。

事实上，个人的决策是在瞬间做出的。与时下较为流行的领导力理论相反，团队是不做决策的。

　　本章将介绍 3 条守则，帮助你参与到决策过程中去。这些守则将阐述如何在不同场境下选择最佳的方式进行决策。这能帮你认清此刻就需要做出的决策，并说服团队达成一致意见。

越能够勇于为自己的行为承担责任，越能够获得更多的信任。

布莱恩·科斯洛
迈阿密劳德代尔堡地区人口信息统计局主管

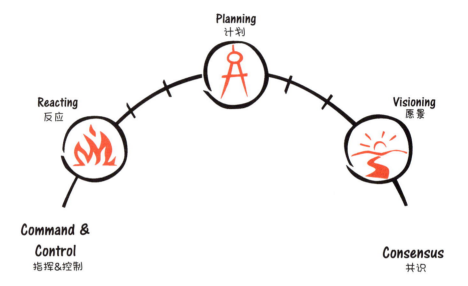

Planning
计划

Reacting
反应

Visioning
愿景

Command &
Control
指挥&控制

Consensus
共识

LEADERSHIP SPECTRUM
领导力范畴

守则 19：领导力范畴，根据不同的场景选择最为合适的领导风格

你是那种喜欢促进共识的领导者吗？正确答案是，"看情况"。

据我多年以来的观察发现，领导者的领导方式似乎是"默认"的，有一套他们喜欢的决策流程。有些领导者比较喜欢指挥－控制式的决策方式，还有一些领导者喜欢借鉴下属或同级的看法。我见过的最为优秀的领导者都在运用领导力范畴守则，这一决策流程适用于所有场境。

我曾经目睹一位海军陆战队将军训斥手下军官的场景，因为他过度使用了指挥－控制式作战决策流程。这让我对领导力范畴守则有了更透彻的了解。将军在挂图上画了一幅领导力范畴守则图，然后告诉他的下级军官们："你们不能用指挥－控制式领导方式去计划未来。当你们是陆军上校的时候，在准备带领一群战士冲锋陷阵时，你手下年轻的士兵最不想做的就是头脑风暴、集思广益。他们需要的是你能信心满满、斩钉截铁地下命令。可你们现在不是陆军上校，你们是美国海军陆战队总部的高级将领，要为海军陆战队的将来做好准备。我希望你们每天都能在这个范围内进行操作，能够时刻谨记决策

流程，善于运用每一步流程，能根据每天遇到的不同情况选择最为合适的流程。"

以下是几种不同的领导风格：

◇ 指挥－控制型：此领导风格适用于紧急且事关重大的情况。关键时刻，需要有人运用这种指挥－控制权力。

◇ 广范围的指挥－控制型：这种领导风格适用于紧急但无关宏旨的情况，比如公司要召开紧急会议，需要在几小时之内预定会议场地。

◇ 有限共识型：这种领导风格适用于无关宏旨的战略规划，例如在几种相互竞争但相似度较高的医疗保险计划中做出选择。

◇ 共识型：遇到事关重大的战略规划时，这绝对是一副锦囊，比如创建一个五年规划，让企业成功打入市场。

指挥－控制型领导风格是领导力范畴守则中较为极端化的一种，当时间紧迫需要迅速做决策，而不是深思熟虑得出更加完美的决策时，这种领导方式较为适用。关于这一点，大家可能不容易把握它的尺度；要么运用过度，要么不能充分利用。这种风格最好用在紧急情况下，也可以用在较小的决策中，比如当合作带来的边际收益被成本抵销时。对于像我这样的人而言，要想经营一家顾问企业，指挥－控制型决策是绝对不能少的。

共识型领导风格位于领导力范畴守则的另一个极端。这一流程最适用于战略规划以及创新规划等开创性规划的制订。有些不合格的领导者过度使用这种领导方式，以致对其产生依赖，甚至在情况极为紧急，需要赶紧使用指挥－控制型领导方式做决策的时候仍旧对其依依不舍。总之，产生这类问题的根本原因就是领导者害怕丢面子，害怕承担责任。

共识型决策流程的最佳适用情境：

◇ 给参与者设定截止期限；

◇ 从一开始就有后备决策流程，以防协商不出结果，或者在规定的时间内达不成共识。

我给不了你成功的公式，但我可以给你一个导致你失败的公式：总是努力让所有人满意。

赫伯特·贝亚德·斯沃普
美国政论家

---

1. The process was explicit, rational, and fair
流程清晰、合理、公平

2. I was treated well and my inputs were heard
我受到了善待，想法也被采用

3. I can live with and commit to the outcomes
我可以接受并交付成果

All agree with everything
大家对一切都保持一致意见

CONSENSUS
共识

守则 20：共识，解决了 3 个问题就达成了共识

你还在使用传统的对共识的定义吗？你知道传统的定义有多不堪吗？

追求变革和解决问题最具挑战性的环境，是世界银行、国际金融公司、联合国这样的多边组织。这些组织中都是些了不起的人物。正如世界银行中的一个天才员工彼得·基恩（Peter Keen）所说的："智慧就像拥有一辆四轮驱动汽车，经常像其他人那样被困，只不过是在一个更偏远的地方。"

一天下午，我和多伊尔坐在一起聊天，因为没能在世界银行争取到一项重要决策，我深表惋惜。他轻声问我："你想达到什么目标？"我回答道："我想让大家都点头同意！"多伊尔用那双炯炯有神的眼睛看着我说道："为什么会有这样的目标呢？"接着，他拿了一张纸巾，画了一张共识守则图。多伊尔从一个全新的角度为我界定了共识的含义，还帮我指出，团队无法达成绝对的共识。我立即意识到，我的工作就是不能让大家都满意。将此作为我的目标之后，我立即对那些不影响大局的个人阻力看得不那样重要了。一个捣乱的人只会说"不同意"，所以共识是永远都实现不了的。

我的工作就是让团队接受共识守则的实际定义，然后对以下 3 个问题持肯定态度。

◇ 过程满意度：我们所采用的过程是透明、合理、公正的吗？

◇ 个人感受满意度：从个人角度讲，你是否受到了善待？你的想法是否得到注意，是否得到重视，是否考虑到其他人的想法？

◇ 结果满意度：你能接受结果并承诺支持团队的决策吗？注意此处用词是"接受"，而非"同意"，两者之间有着重大差别。

多伊尔的想法是，如果人们同意前两种情况，也就能同意第 3 种情况。

提醒一句，如果人们对第 3 个问题的回答是肯定的，但不同意前两个问题，他们给出的承诺便不会长久。过程满意度和个人感受满意度是个人承诺支持团队成果的两大基础性保障。

共识守则可算是我的贴身法宝。

英文字典中以"-cide"结尾的词有 160 个之多。Cide 源自拉丁词汇"杀"。

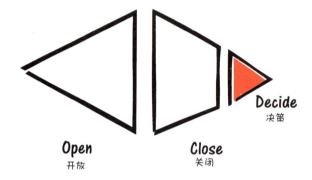

Open
开放

Close
关闭

Decide
决策

OPEN-CLOSE-DECIDE
开放-关闭-决策

守则 21：开放 – 关闭 – 决策，遵循团队决策的 3 个阶段

团队如何做决策？

20 世纪 80 年代，我参与了 IBM 公司群体决策支持系统（GDSS）的研发。虽然我拥有必要的经济实力与技术能力，但对群体决策机制缺乏真正的了解。经过与数位心理学家和行为学家的苦心探索之后，我发现自己比之前更加一头雾水。有人给了我一本多伊尔的书，名叫《如何开展有效会议》（*How to Make Meetings Work*），是他与戴维·施特劳斯（David Strauss）合著的作品。这本书让我结识了多伊尔。

接着，多伊尔把我介绍给了多西埃，后来，他们二人一起给我的团队提了一些想法，这正是发展群体决策支持系统最需要的：开放 – 关闭 – 决策守则。对这个守则真正了解之后，我发现这简直是万能之法，从 J. P. 摩根的会议室到一群不知道去哪儿吃午饭的好朋友都可使用。你所做的选择是否具有风险，或者该买哪件衣服，开放 – 关闭 – 决策守则都可以为你解答。

多伊尔与多西埃解释说，刚开始的那段时间，团队会对某些想法有所质疑，但都能

接受（开放）。在开放阶段，采用头脑风暴法搜集大家的想法，这样做会很有效。但最终，团队越来越接受不了新想法，并开始排斥、抵抗起来（关闭）。在关闭阶段，团队成员会花大部分时间去讨论选择空间逐渐缩小而带来的利弊。最终，团队就进入了整个流程的第 3 个阶段，做出选择的时刻到了（决策）。

阶段 1，开放

开放阶段是最为有趣的，也是最容易领导协调的阶段。这时候风险低，而且事情都在向前发展。当领导者不再对大家的意见做评判，让大家任意表达自己的观点与想法时，大家就会意识到这一开放阶段的重要价值。在这个"散漫"的过程中，技术支持很容易就可以建立起来。然而，现代的管理大师夸大了这一步决策程序的重要性。任何一个领导者都会告诉你，想法的产生是最容易的部分，从中挑选出最优秀的想法并付诸实践，这才是有挑战的地方。

阶段 2，关闭

当团队的想法、耐心、时间都耗尽之后，便进入了关闭阶段。这一阶段的风险比前一阶段高，这时候，适当要比激进更加重要。关闭阶段属于一种聚合性质的流程，对事物的判断开始产生分歧，有些想法是有价值的，但有些想法只能被搁置。领导者必须对其保持高度关注，因为就是在这个阶段，团队即将揭晓"决策标准"。

决策标准往往出现在"因为"这类词之后，比如："我觉得这个主意不好，因为成本太高了。"从这句话中可以看出，说话人明显把成本当成了决策的主要衡量标准。

另一个人可能会说："我觉得这个主意很好。没错，成本确实很高，但我还是看好它，因为它能带来更多的消费者价值。"这位说话人为我们引出了第二种衡量标准——"消费者价值"，同时还认为，这一指标要比成本指标更为重要。如果注意观察，你会发现，大家会为自己认为重要的标准说话。标准的数量要少于 7 个，而且每条都有自己的分量，这样才有用。经过锻炼，学会掌握想法与标准的区分技巧，这一点很重要。

最后，关闭阶段会自然而然地终结，否则，团队的时间就所剩无几了。到这一步时，事情才真正有趣起来。

阶段 3，决策

就像 genocide（种族灭绝）、pesticide（杀虫剂）、suicide（自杀）等词汇一样，decide（决策）也与终结（-cide）相关。所谓的决策阶段就是终结掉其他几种可能性，最终留下一种选择。正如我之前所说的，不论在开放阶段与关闭阶段有多少人参与，都不是团队做决策的时候。真正的决策时刻是由一个人为团队做出选择。

我在数百场会议上研究了"决策时刻"。有时候，就连专业人士都分辨不出这一时刻。它是在一瞬间发生的，大家都注视着那个人，那个人点点头或者做出些标志性举动，决策就做好了。任何团队中都存在一个有着至高权力的人，其他人都尊重这个人的决策，只要之前对开放阶段和关闭阶段给予了高度关注与研究，决策的做出是一瞬间的事。

所谓"做决策的人"，可能是领导者，也可能不是。很多时候，做决策者并非是正式的领导者。无论如何，决策都是由单独的个体在某个被关注的时刻做出的。

大家请注意，决策阶段与关闭阶段是不同的。关闭阶段是一种带有聚合性质的流程，但并不分配资源。相比之下，"决策"就是一种对资源的分配，否则就不能称其为决策。接着，团队就将按照决策结果投入时间或金钱。优秀的领导者就是因为这一时刻而存在的。

投票是一人最终决策原则中唯一例外的形式。不过，这是最低级的决策制订形式。当投票失效，领导者也得不到信任的时候，大家就会放弃自己的想法，跟随主流意见。虽然投票在政治上很适用，但在其他选择性场合并不适用。投票意味着共识的失败，这是下下之举，效率也最低。

目前，以互联网为基础的应用程序为开放阶段提供了更加有效而便捷的渠道。现在看来，我们可以从这一阶段更快地获得人们更多的想法，也可以通过网络来表达对这些想法的支持程度。不过目前为止，除了投票工具之外，仍旧没人能够真正实现网络决策。

文化"是"……无处不在的。你影响着它，它也影响着你。

08

构建有意义的文化

> "文化"是什么？使用超过 7 个字来定义文化会有多个结果。

文化是决定团队行为表现的最强因素。它是团队用来衡量底线的准绳，对团队起着规范作用。即便是权威人士也不能左右文化。

文化始终存在。它的树立要么是被动的，要么是主动的，要么是自然形成的，要么是人为的。文化可以是含蓄的，通过企业故事与行动来传达；也可以是显性的，通过规章制度来表现，也可以通过其他方式来表达。

说到引领组织通往成功的行为表现，如果文化不能对其产生影响，就得由权威方强制执行组织的制度、政策及规定。而过多的规定、政策则代表着文化的失效。

对于团队来讲，精心设计的、强大的、包容性强的文化是一笔财富，是值得欣赏、值得珍惜、值得维护的。接下来要讲的 3 条守则将教你如何设计、维护组织文化，为团队带来快乐，提高团队的工作效率。

文化是由强势的声音铸就或毁掉的。

艾茵·兰德
著名作家

Behaviors
We Tolerate
能够接受的行为

Culture

文化

Behaviors
We Do Not
Tolerate
不能够容忍的行为

CULTURE
文化

守则 22：文化，以价值观和指导性原则为基石

文化一直都存在着。要么你影响它，要么它影响你。你有多擅长影响文化呢？

正如之前讲过的，文化代表着团队衡量底线的准绳，包括能够接受什么样的行为，不能容忍什么样的行为，或者鼓励 / 不鼓励什么样的行为。

有些团队将文化通过明文规定进行显化处理，以便大家理解，尤其是对于新加入的成员来讲，可以快速弄清底线何在。这种显性的表达方式也有助于文化力量的巩固与加强，尤其是对于基层员工来讲。这种意义上的清晰表达是很重要的，因为与组织规章制度和政策不同，要想践行组织文化，就必须对团队中的所有成员负责，无论他所处的是何种级别。

对于任何团队来讲，规章和政策对行为的影响力永远不及文化。当团队将其文化具化为文字时，这些文字实际上为行为创造了一席空间。这是世上最高级别的交流对话。

价值观与指导性原则是树立文化的基石。然而，很多时候大家都不知道它们是什么，也不知道它们之间的区别和联系。

价值观是描述行为方式的一类词。团队选择这类词胜过其他词汇。这些共同的价值观能够让团队成员之间认清彼此，以及团队之外的那些人与事。最好拥有 3 ~ 7 项价值观。

几千年以来，所有的团队都把真诚、热情、尊敬、责任、公正视为自己的价值观。实际上，由于这些常常为大众所用，因此便演变成了"五大通用价值观"[①]。我建议你可以将这五大价值观看作基础价值观，并且坚守适用于你的团队的价值观，对你做的事来讲，这些价值观是独一无二的。

指导性原则是一种行为规范。这一原则的精髓就是一个动词加一个名词。比如，"首先自己要感兴趣，接着要让大家觉得很有意思"，这句话就指引着一种行为。下表对价值观与指导性原则进行了对比。

---

① 参见拉什沃思·基德尔（Rushworth Kidder）所著的《好人如何做出艰难的选择》（*How Good People Make Tough Choices*）。

价值观	指导性原则
单独的词汇	短语
抽象，大家各有评论	具体
描述"做事原则"	描述具体"该怎样做"
强调名词	强调动词

价值观与指导性原则是解释企业文化的两大重要因素。以下是企业文化外显性描述较为突出的几个例子。

◇ 企业文化无处不在。你可以将其写下来，或者写下你想要的。一定要用心。

◇ 如果你决定要将企业文化形成文字表述，一定要让团队容易理解，好针对企业文化做出反馈。

◇ 一定要做到简洁。不是简单，是简洁。这不像听起来那么容易。

◇ 一定要经过老板的同意。若他不愿意接受目前的企业文化，就不要描述出来。

◇ 要让大家了解企业文化。大家需要知道自己身处的是怎样的文化中。

◇ 要让新入职员工了解企业文化。员工需要知道自己将面对怎样的文化氛围。

◇ 要让消费者了解企业文化。你将承担起履行企业文化的使命。

◇ 问问那些从公司离职的人，他们感受到的企业文化是否与公司阐述的企业文化相一致。他们的看法是较为真实的。

◇　当众嘉奖那些维护企业文化的人。

◇　如果你所阐述的企业文化与你每天所从事的工作不符，请及时做调整。如果你不能
　　与企业文化相匹配，就让它与你匹配。

清晰地描述企业文化能够产生不可估量的作用。这其中存在风险，但能够解决。企业文化要独立于价值观和指导性原则而存在。尽量简洁。清晰地描述文化和诚实地践行是创造的最高体现，是世间最为有效的沟通交流。交流的内容就是："我们选择成为怎样的人，要有怎样的行为？"

清晰地描述文化很有意义，不过也存在两点风险。第一，也是最关键的一点，有些人对文化的理解仅限于外在表现，但实际与企业文化并不相符，这一点任凭谁也无可奈何。安然公司就对企业文化进行了阐述，但员工行事与文化并不相符，对此大家都无能为力。这种名存实亡的诚实最终导致了企业的失败，同时也造成了不可估量的财富损失。

第二大危险就是，有些人可能会用文化声明去伤害其他人。这些人会把文化声明当成一种约束人的利器，而非去鼓舞人。他们会以"文化守护者"为借口贬低其他同事的能力。

　　与这些风险相比，清晰地描述企业文化所起的积极作用要重要得多，尤其是，这些风险可以很容易得到缓解。接下来要讲的两条守则非常有用，可以帮团队清晰地描述企业文化，从而产生前所未有的力量，并将风险降到最低。

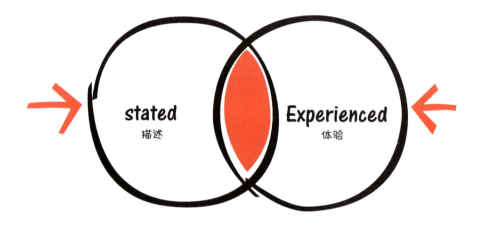

stated
描述

Experienced
体验

CONGRUENCE
一致性

守则 23：一致性，用企业行动践行企业文化

企业外显文化的负面影响是什么？

现在，大家对文化的内涵有了一定了解，并学会了如何有意识地塑造想要的文化。创建你想要的文化有很多好处，比如，组织中的各个层级都可以很容易地理解并践行。不过，大家心里还要清楚一点，陈述你想要的文化将会冒一定的风险，那就是你的行为与所陈述的文化不一致。

一致性守则将教你如何缓解风险，同时也将揭示"陈述"的文化与"体验"到的文化之间持久的张力。在一致性守则图示中，红色箭头代表为实现"陈述"的文化与"体验"到的文化的一致，需要持续投入的精力。

要想维持两者的一致必须要有诚意。2000 年 1 月 1 日，安然公司董事会主席兼 CEO 肯尼斯·莱（Kenneth Lay）公布了长达 62 页的企业道德规范，并要求所有人签字认可。文件的开头是这样写的：

> 身为安然公司的管理者及雇员……我们有责任在相关法律允许的范围内，在坚守道德与诚信原则的基础上从事企业的业务活动……我们想以安然公司为自豪，我们想为其赢得公正、诚信的声誉，得到大家的尊重。这次做宣传并公开开展相关活动，主要就是想达到这一目标，但无论活动的效果如何，安然公司声誉的维持始终是要靠大家，靠你，靠我。让我们大家一起努力。

莱的倒数第 2 句话说得很对。事实确实如此。整个文件探讨的就是外在表现（声誉）的问题。请注意文件的具体描述，企业"享受公正、诚信的声誉"，而不是"企业是公正的、诚信的"。从这一道德规范来看，企业显然没有做到两者的一致。整个体系都没能实现一致，结果只能是大家一起受伤。

要想知道团队成员对"文化描述"与"文化体验"和谐的体验如何，简单而快捷的方法就是让所有人都画两个圈，一个标注"陈述"，一个标注"体验"，然后让大家将这两个圈相互重叠，重叠部分就是他们觉得二者的一致程度。展示所有人画的图形，交换一下看法。询问大家，什么时候陈述与体验有交集，什么时候没有。这将有助于你了解大家对团队的看法。

将两个圈重叠到一起的推力就是反馈。这个推力发生在一个人对另一个人说，"很高兴看到你能做到与文化陈述保持一致"（积极强化），或者"我觉得你的行为与我们的

文化陈述不一致"（消极强化）。在这两种反馈中，消极的反馈是最具力量的。要想提高
陈述与体验的一致性，团队成员之间做反馈的能力与意愿十分重要。

　　　　言或不言

并非事实，且于人无益，不要说。

是事实，但仍旧于人无益，也不要说。

并非事实，但于人有益，不要说吧。

是事实，且于人有益……等待说话的良机。

佛经

✓ **Right Message**
　　正确的信息

✓ **Right Time**
　　正确的时间

✓ **Right Person**
　　正确的人

✓ **Right Way**
　　正确的方式

✓ **Right Reason**
　　正确的因由

FEEDBACK
反馈

守则 24：反馈，高绩效团队需要有效的反馈

你有多善于给人反馈？又有多善于接收人的反馈？为什么这一点重要？

高绩效团队将个人的反馈看成是在乎某人的一种显性表达。相信这种说法的人一定能够理解这一概念：一个人真正给他人留下的印象，通常与自己想给别人留下的印象是不一样的。反馈守则将教你如何得知他人对一个人的真实印象。给予和接收那些有价值、有影响力并及时的反馈，对于实现团队的高效率是十分重要的。

反馈是让"体验"文化与"陈述"文化保持一致的重要力量。反馈可以让我们学到东西，教会我们成长，因为它是可见的。过去 3 年，我作为顾问研究了数十家企业。我发现，判断一个组织的反馈关系是否健康极为容易。诸如宝洁公司、杜邦公司、四季酒店以及陆军特战队这些客户，我用不了多长时间就能摸清楚它们能够接受哪些行为，不能接受哪些行为。但是，它们的反馈向来都不是很尖刻，原因是他们对已经塑造好的文化引以为傲，并一直想吸引他人加入进来。

我之前还合作过一些组织，它们的文化是隐形的，陈述不清，给人一种毛骨悚然的

感觉，像犯了过错还不自知一样。这种感觉影响了我的实力发挥，不过我圈内的绝大多数人亦是如此。

我曾经与纽约市一家老牌法律公司合作过。在听到我关于"创建目的文化"的见解之后，相关负责人找到我，让我参与了高管层对企业文化的研究。拉里·丹纳（Larry Danner）与我一同加入了这个项目。我们找了一部分员工座谈，很快发现他们的反馈渠道十分冗杂。人们喜欢和别人谈论另一个人的表现，可当问题发生，必须面对彼此的时候又很尴尬。直接反馈的作用极为有限，且大家并不愿意接受。

丹纳首先让高管层了解了有效反馈的作用及价值。接着他用一支黑笔在白板上画了反馈守则的图示，这张图传达了一个简洁的讯息：如果接收者将反馈视为他人对自己的一种关爱，如果反馈的发出者能够遵守以下几项基础的指导性原则，反馈的过程是很容易实现的。

◇ 草拟正确的信息：想清楚你真正想表达什么。如何表达才能让听者真正接受？

◇ 选择正确的时间：有些人属于早起的鸟儿，有些人则属于夜猫子。找一个最佳的时间段，让接收者能够全神贯注地接收信息。

◇ 反馈给正确的人：这点看起来有些画蛇添足，但弄清楚最需要反馈的人是极为重要的。

◇ 通过正确的方式传达：有些人需要你的娓娓道来，而有些人则喜欢开门见山。选择
一个接收者愿意接受的传达方式，要根据具体情况而定。

◇ 找到反馈的正确因由：弄清楚为何要做这样的反馈。是为了团队好，还是为了接收
者好？或者你只是想图个心安？通常，最为合理的因由要具备以上 3 种因素。然而，
这其中的部分原因还应包括你对反馈接收者的一片真诚，以及你很关心他的未来。

还有极为重要的一点就是，5 项原则中只遵守 4 项也是无济于事的。也就是说，想
要反馈最为有效，就必须遵守上述所有原则。

反馈守则可以追溯到公元前 350 年亚里士多德的著作《尼各马科伦理学》
(*Nicomachean Ethics*)，他这样写道："任何人都可能发火，这很容易。但朝正确的人发火，
发火到正确的程度，在正确的时间发火，因为正确的借口发火，通过正确的方式发火，
这就不那么容易了。"

我曾有幸与旧金山一家处于急速成长阶段的技术企业合作。领导团队不想让常规招
聘来的新人冲淡企业文化，他们认为自己拥有引领企业成功的文化。后来，该企业大力
采用了本书所讲的守则，当我再次拜访的时候明显感觉到了不一样的氛围。

不要满足于默认的企业文化，或者在隐形企业文化上以身犯险，因为这类文化会在

不知不觉中发生变化。请按照一定的目标塑造你所钟情的文化，鼓励大家有不凡的表现。对于那些体验描述性企业文化的团队成员来讲，一定要为其营造合适的环境，能够让接收者视反馈为大家对他的关怀，让传达反馈者更精确恰当。

09

团队内部的沟通与行动

| 同事之间如何发号施令？ |

高绩效团队内部并非没有矛盾与阻碍。交易会根据情况的变化，或达成、或失败、或搁置。级别低的人可能会对级别高的人有所要求，同事之间会给指令。有时候，要经过多方面的配合才能完成任务。合作得好，成绩便突出。工作日期间的午餐时间，在那些管理得当的国际性连锁快餐企业，你都能看到很多短暂性契约的缔结。你会听到催菜的命令，会听到重念一遍菜单的要求，以及交易的确认。

这些现象的发生可能就是因为团队成员之间达成了契约。当大家没有时间等老板出来主持管理事务的时候，或者没有老板的时候，这个过程就能够清晰地为大家分配任务。

本章将为大家介绍 3 条守则，它们会加强团队建立契约的能力，教你学会如何交流并采取行动。行动不是靠说话，行动就等于说话。你可以将"核实承诺与保证期限"换成"直逼结果"。

在阅读本章内容之前，一定要先了解第 2 章所讲的诚实守则。诚实是契约的核心。

宽容就意味着放弃了对某些人的惩罚。

一位在 2006 年镍矿小学大屠杀事件中遇害的门诺派儿童的父亲

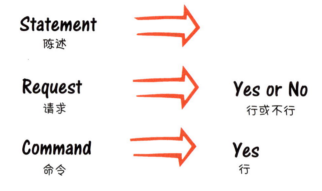

Statement
陈述

Request
请求

Command
命令

Yes or No
行或不行

Yes
行

REQUEST
请求

守则 25：请求，邀请对方做出承诺

为何否定的回答能够保护肯定的回答？

团队成员只有真正意识到自己在干什么，才能达成强有力的契约。这种表述看起来较为简单，但请你耐心地阅读完这部分内容，之后你就会发现周围同事之间是如何草率地形成契约的。你会发现，有些被动陈述其实属于请求，而身处其中的人甚至还不知道自己的言行实际上是在做承诺。

认识契约需要团队中的所有成员分清"陈述""请求""命令"之间的区别。这是 3种完全不同的概念，有必要将其弄清楚。

所谓"陈述"，就是对某一事物的描述，或者是对某人状况的描述。如下：

"我们的利润正在下滑。"

"垃圾需要倒一下。"

"对于你的所作所为，我感到很失望。"

"我饿了。"

"若是有人给乔打个电话就好了。"

"若明天之前我能收到报告就再好不过了。"

这里不需要回应，你也没办法做承诺。

所谓"请求"，就是邀请你做出承诺。比如：

"明天下午之前能交给我一份利润下滑的分析报告吗？"

"睡觉前能把垃圾倒掉吗？"

"你想知道我为什么对你感到失望吗？"

"今天你能让人给乔打个电话吗？"

"明天之前能把报告交到我这儿吗？"

注意请求是如何向对方提出的，注意它需要怎样的回应。高绩效团队中只有两种针对请求的回应："不"与"是"。"或许"或者"我可以试试"之类的词相当于"不"，而且这些词应该禁止使用。

所谓"命令"，就是要求他人做出承诺。比如：

"明天下午之前交给我一份利润下滑的分析报告。"

"睡觉前把垃圾倒掉。"

"坐下。我来告诉你为什么会对你失望。"

"给我做个火腿三明治。"

"今天给乔打电话。"

"明天之前把报告交给我。"

命令是高效地构建契约的一项重要内容，唯一的回应即"是"。命令虽然不常用，却是最快捷的做事方式。

很多人都把请求当成是陈述，或者把请求当成是命令，这会让大家感到困惑、凌乱。

接下来是具体流程介绍，你可以据此提高团队的做事效率和沟通效率。

◇　确保每个人都能够分清陈述、请求、命令的区别，还要当即识别哪些是需要回应的，哪些是只需要听的。

◇　每个人都应懂得，应对陈述，不需要任何回应或行动。

◇　当某人发出请求时，对方有权利毫不迟疑地说"不"。实际上，在言行统一文化的影响下，大多数对请求的回应都可以是"不"。在以诚实为共同价值观的组织中，只有完全有把握，才可以说"是"。"不"往往是对之前"是"承诺的一种防卫。说到诚实，严谨的态度是十分重要的。

◇　下命令的情况比较少见，而且唯一的回应就是"是"。然而，对于被命令的人来讲，一旦接受命令，就得与下达命令的人讲清楚接受命令之后可能给其他事情带来的一系列影响。比如："好的，比尔，明天之前我会把报告交给您，但这样一来我就不能给乔打电话了。"让下达命令的人知道此命令的下达将带来何种后果，这一点十分重要。

说到有效的契约，一定要区分陈述与请求、陈述与命令之间的区别，这对高绩效团队的发展也有着重要的作用。

诚实的美誉仅毁于一句谎言。

巴尔塔萨·格雷西安
《处世的艺术》作者

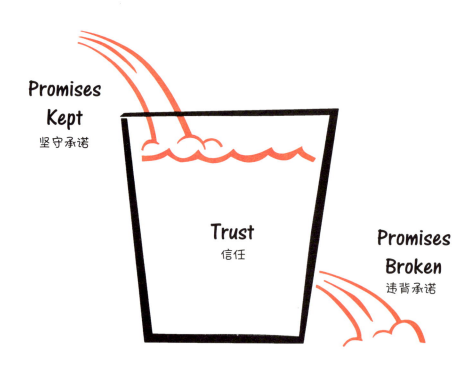

守则 26：信任，恪守承诺获得他人信任

大家都知道信任非常重要。可什么是信任？我们是如何树立大家的信任，

又是如何毁掉大家的信任的？

人人都在讨论如何为高绩效团队建立信任。可到底什么是信任？我们应如何树立信任，或者我们是如何毁掉信任的？信任一旦被毁，还有重建的可能吗？

所谓信任，就是相信那个人会信守他的诺言。有些人第一眼就觉得你值得信任，带着满心的信任开始了与你的交往。另一些人内心则没有半点对人的信任，他需要找证据进行核实确认。说实话，这两者之间没有任何本质上的区别。一段关系的建立之初，要选择怎样的信任程度并不重要，因为你有能力去树立信任。关键就在于，要信守诺言，并一直保持这个状态。能够做到这点，让别人信任你就算不得是难事。

所谓值得信任，是你在周围人眼中能够保持诚实。每当有人对你有所求时，考验信任的时刻就到了。

这也就是请求无所谓大小的原因。只要你给出了承诺，无论何种程度的请求，一概都要接受。诚实是二元化的。要么信守承诺，要么背叛承诺，无所谓承诺的大小。

我有一个朋友，他教人如何在异国做一名外交大使。他给大家介绍了 Three-fer 概念，意在发展陌生人对自己的信任。正如他给那些准大使解释的："当你到了一个新的国家，遇到政府官员的时候，一定要注意他们提出的所有小请求。比如，一位政府官员发现你去拜访了某一所大学，而他的女儿恰巧想申请进入这所学校。于是，他会问你是否留意了学校的课程。"

这种情况下，我的朋友建议年轻的大使，不要告诉那位官员有关课程的任何信息，即便自己确实了解到了信息。否则，这位大使将失去建立信任的机会。这位大使应该给出具体的承诺，比如："长官，这周五上午 9 点 30 分，我会将这所学校的课程表带到您那儿。"这是在许下承诺。周五上午 9 点 30 分，大使要准时去叩长官办公室的门，并有意识地让他知道自己是信守承诺的。比如："长官，您还记得周一的时候我告诉您，要在周五上午 9 点 30 分把学校的课程表带给您吧？现在正好是周五上午 9 点 30 分，这是课程表。"这是在提醒对方自己之前做的承诺，并兑现承诺。接着，大使要在 3 天后继续追踪，对官员说："我周一的时候说好要在周五上午 9 点 30 分带课程表给您，我给您了。我还在想，您的女儿是否还想了解学校的其他信息。"这是在提醒对方自己之前做的承诺，以及履行完的承诺。

　　我的朋友指导他的学生："你的目标就是找到 7 件看似平常的小事，并利用 Three-fer 技巧做出承诺，然后按兵不动。"

　　信任是建立在两个人之间的一种极为珍贵的东西。我想说的是，不要纠结事情的完成情况。状况报告似乎已经不那么重要了，诚实才是最重要的。无论大事小事，都要信守承诺。为了维护彼此之间的信任，一定要信守承诺。

SAY 说   Do 做

BREACH
违背承诺

守则 27：违背承诺，立刻采取补救行动

当你答应好的事情最后却做不到，你会怎么做？

诚实守则、请求守则和信任守则都强调了信守承诺的重要性。而违背承诺守则将教你如何应对不能信守承诺的情况。

比如，你原本说会按时参加会议，但却迟到了，大家可能觉得你不诚实。诚实能够增加别人对你的信任，而违背承诺则会让你的可信度降低，在团队成员眼中，这会削弱你的威信。

即便你很想、很愿意保持诚实，但还是有可能，甚至是不可避免地有食言的时候。一旦意识到自己可能没办法信守承诺了，就必须立即采取行动。

第一步：承认自己食言

"我说过 9 点钟到，可我没有。"

当有人承认自己食言的时候，他就迈出了解决的第一步。如果他没有承认自己食言，团队成员就应该给他指出来（请阅读反馈部分内容）。这是团队用来帮助个人重塑可信度及个人威信的方式。帮助某人维护他自身的可信度是团队成员之间践行团结友爱的最高体现。

第二步：再次承诺言行一致

"以后，我一定按时到场。"

实事求是，无须赘言，因为辩解会让人觉得你是在为自己开脱，而且浪费团队的时间。

如果有人觉得有必要道歉，他可以在第一步与第二步之间进行道歉。不过，多数时候没有这样做的必要，因为承认自己食言就已经算是致歉了。比道歉更为重要的是赢得大家的谅解。

当你请求别人原谅你违背承诺的时候，其实你是在要求那个人放弃惩罚你的权利。就所有请求来讲，对方可以答应，也可以不答应。

卢旺达总统保罗·卡加梅（Paul Kagame）曾经给我讲述过他在任时经历的一次民族

冲突大屠杀之后的忏悔事件。他说，当有人请求原谅且得到原谅的时候，原谅者就不能再提起任何有关背信的事情。并不是说这件事被忘记了，而是不能再以此事攻击那个被谅解的人。

那位背信的人的责任就是承认背信，并再次向大家做出承诺。团队可以选择原谅或不原谅，背信的人只能听从结果。

当团队掌握了违背承诺守则之后，通常我都会提出这样的问题：如果团队中有人经常食言，争取原谅之后还像什么事都没发生过一样，这种情况要如何应对。难道有人会滥用违背承诺守则？答案是肯定的，只是目前我还没有碰到过这样的情况。诚实是一个简单的概念，其含义却很深刻。根据我的经验，人们都是很认真地信守承诺并果断地斩除食言后果。

简单概括一下所讲内容：

◇ 高绩效团队都是沟通大师。

◇ 人们通过对请求的识别、发出与回应来实现沟通。

◇ 信任源自人对请求一贯的诚实反应。

◇ 食言即没有履行承诺。

◇ 可以通过以下几种方式挽救食言造成的影响：无条件地承认失误，再次向团队做出
承诺，请求谅解。

首先，确定团队中的人都对其他成员有所承诺，是诚信之人。接下来，教他们如何区分陈述、请求与命令。保证大家都能接受对请求的否定回应。确保大家对信任有一定的了解，明白信任的重要性，并学会如何树立、维持信任度。最后，教他们如何在食言的情况下及时处理并挽回信任。照此行事，必将收获可喜的成果。

10

团队成员的表达与倾听

| 高绩效团队成员如何进行自我表达？ |

高绩效团队中的成员都敢于表达自己的真实想法，也愿意倾听别人的真实想法。的确，他们的坦诚能让对方感到舒服。

高绩效团队中的成员都是积极的倾听者，并能够区分哪些是事实，哪些是主观印象，哪些是观点。他们懂得分享自己的想法和了解他人的想法的重要性。

高绩效团队中的成员不容忍任何流言。他们懂得流言的害处，知道如何去辨别，当流言产生的时候懂得如何采取措施去阻止它的传播。

接下来，本章将讲述 3 条守则。学习这些守则的时候，你不会经历所谓的学习曲线过程。即便团队中只有你一个人懂得这些内容，对整个团队的价值也是不可小觑的。下一次与团队交流的时候，将这些守则运用到组织的各层级中，这将大大提高团队的效率。

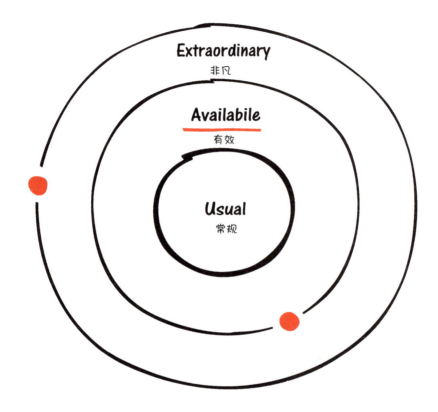

Extraordinary
非凡

Availabile
有效

Usual
常规

PERIMETER
界限

守则 28：界限，突破限制，获得非凡成果

你在能说和不能说之间建立的围栏有多小？

下次身处一个团队中时，一定要小心。注意到围栏了没有？它就存在于你和团队的周围，将团队成员可以互相谈论的内容与禁忌内容相隔开。严格地说，这道围栏就是所谓的"标准界限"。你可能看不到它，却能感受到它的存在。每当你与其他人接触的时候，这道围栏就存在着。无论你是否注意到它，它总是能限制你们的交流。

围栏内是"常规"对话，产生的结果也是常见结果。围栏外面是"有效"的对话。超出围栏的谈话内容都是"不寻常"的，因此而产生的结果也是值得注意的结果。

第一次接触界限守则的时候，我正在给纽约的几个 CEO 做培训，他们让我教他们守则。我当时没有多想，径自拿起一张纸，在上面画了 3 个圈，然后对他们说："大家先来说说，在你们各自的企业中，有哪些业务是你们从未告诉过其他成员的。然后我会让你们的团队告诉我，你的这些业务描述有多么'不合常规'，这样我就能对团队的言语围栏有个大致的了解。"我知道，10 分钟后，一条新的守则即将诞生。这些经验丰富的 CEO 立即就能将交流提升到一个新的高度。

　　试试这样做。像往常那样与你熟悉的人聊天，然后告诉或者问他一些你们之前从未谈论过的事情。比如你之前因为一直没有找到合适的时间、合适的场合提起的，而这次终于可以与对方分享的想法。这会让你真正到达有效的交流空间。

　　由于各个空间存在着围栏，这便限制了问题解决人的交流空间，进而导致了问题的持续存在。使用界限守则，按照下面的做法，你可以打破不同空间之间的围栏，开展重要交流。

◇ 常规。在一张纸的中间画一个圈，圈中心标注"常规"字样。然后对团队说："这部分内容指的是我们通常在会议上谈论的内容。圈内的事情我们可以随意发表看法，但圈外的事情我们不可碰触。这就竖起了一道围栏。"

◇ 有效。在第一个圈的外面再画一个圈，在里面标注"有效"字样。然后对团队说："我们可以把这道围栏扩大，允许他人参与讨论我们现下正在做却没有交流过的事情。这将为更有意义的交流提供空间。"

◇ 非凡。在第二个圈的外围再画一个圈，在里面标注"非凡"字样。然后对团队说："我们甚至可以进一步扩大围栏。为了得到非凡的结果，我们需要有一次非凡的交流。"

◇ 红点。在"有效"空间内画一个红点。然后对团队说："比如，我觉得……"与他人交流一些有关团队项目的看法，无论如何都要谈论些之前从未谈论过的事。然后说：

"这是另一处'红点'。"在"有效"甚至"非凡"空间内再画一个红点，谈论一些之前从未被提及过的话题。这样，你就带领团队走出了那个被人接受的常规围栏。

现在就可以发出请求，请求大家与你一起加入到"有效"或"非凡"的交流空间中。

一旦围栏突出出来，大家就都能看到、感受到。最后，有人就会说："我有一个红点。"接着他就会把自己觉得极为重要的一些东西添加到交流中。接着，大家会时不时地贡献出红点，全新的看法就是这样诞生的。

将界限守则介绍给团队并不难，而且能够产生迅速、持久的影响。未被谈及的事情实在很多。下次与团队合作的时候记得试试这条界限守则。

他对数据的利用就像醉汉对灯柱的利用一样，是为了支持自己的观点，而非解释自己的观点。

安德鲁·朗
苏格兰诗人

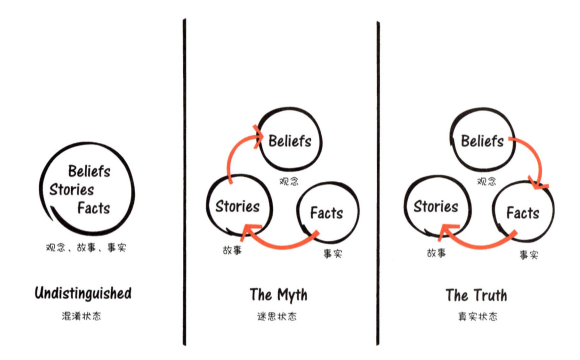

FACTS,STORIES,AND BELIEFS
事实，故事和观念

守则 29：事实、故事和观念，成为理性的分析者

你能够分清事实、故事与观念之间的区别吗？你会像醉汉利用灯柱那样，利用

事实来支持自己的观点而非解释自己的观点吗？

事实、故事、观念，三者并非同一事物。然而，当讨论一件事的时候，我们总是混淆这 3 个概念。对于领导者、变革推动者以及那些有着远大志向的人来讲，正确理解三者之间的区别非常重要。这就像战场上厮杀的是士兵，但挑起战争的却是意见不同的政客一样，争论的时候用的是事实论据，而引起争论的根源却是相互冲突、混淆不清的观念。如果你想促使意见达成一致，让问题得到解决，消除持续的纷争，你就必须从矛盾事实中去除那些华而不实的东西，不要把无用的故事留着，让人们直接说出他们的观念及其背后的道理。只要他们这样做了，同时也有意愿了解他人的观念，那么，学习与合作水平就会达到一个新的高度。

请看下面这个句子：

"我们去年的销售额是 5 000 万美元，明显不够高。这是销售部的失职。"

很多听到这话的人并没有对哪个词给予特殊的关注。那些没能区分事实、故事和观念的人所处的位置就是图示中最左边的一栏;你可以把他们当成是"被动的倾听者"。这些人没能也没有意识到这个句子中其实包含着 3 个元素。

下一组倾听者是位于图示中间的代表,他们能够分清事实、故事和观念之间的区别。这些人的看法是这样的:

"我们去年的销售额是 5 000 万美元(事实),明显不够高(故事)。这是销售部的失职(观念)。"

不过,这些人活在"乔·弗莱迪"营造的神秘感中。电视剧《法网》(*Dragnet*)中的头牌侦探乔·弗莱迪在问目击者问题的时候总是这样说:"我只听事实,女士。"乔能够将这些事实拼凑出一个故事,以此来解释犯罪过程并找到真正的罪犯。这种模式化的推断能让我们通过电视剧大饱眼福,还可以用在科学实验的控制上。不过,在解决复杂问题与开展变革的过程中,我们看到了不一样的进展。

图示最右边的那组人,我称他们为"理性分析人士"。与他们身边的乔·弗莱迪型同事一样,这些人能够从自己听到的事情中区分出事实、故事和观念。不过,这些人不会为乔·弗莱迪型人所动。他们知道,人们每天早上起床后就开始运用自己的观念,就像穿袜子一样。接着，他们走出门去，穿梭在琳琅满目的事实中。在这中间，他们会挑选能够支持自己观念的事实，无视那些与自己观念相悖的事实。然后，他们就用这些精心挑选出来的事实去编织故事，以此来支撑自己即将用到或是在会议上提到的观念。

理性分析人士，也就是深谙事实、故事和观念守则的人知道，当团队出现不和谐的时候，再怎么争论事实和故事都是无益的。他们会转而研究参与者的深层观念以及为何如此坚守这一观念。这是解开团队矛盾的过程中十分重要的转变。

公开谈论自己的观念时，会失去对团队的掌控。观念的揭示能够让团队成员自然而然地融入更为有效的探讨中，这需要他们分清事实、故事和观念之间的区别。

以下几个步骤将教你如何掌握事实、故事和观念守则，成为一名理性分析人士。

◇ 练习区分事实、故事和观念。下次再参加讨论的时候，有意识地将成员所说的内容进行分类。

◇ 没有必要就事实层面去讨论问题。成员肯定已经找齐了所有有用的事实去编织一个故事，再用这个故事去支撑自己的观念。

◇ 让大家分享隐藏在观点背后的观念。成员做到了这点之后，你要让他们认识到，其实这些观念只是观念而已。没错，他们目前认为这就是事实，实际上不一定。

◇　让成员列举出大家共同拥有的 3 ~ 7 项观念。分享观念没有那么难，其实全世界的
　　人都有着同一系列价值观，所以不要担心。

◇　当建立起一小部分共同观念之后，从这些共同观念出发，帮助团队去核查事实、编
　　织故事，这将有助于团队达成持久的有意义的共识。

事实、故事和观念守则需要大家多多练习。区分它们是件费劲的事，不过，现在你
通过本部分守则已经了解了三者之间的区别，当讨论的事项十分重大而你又十分关心团
队讨论的结果的时候，你就可以自如地运用这一区别，并转变为真正的理性分析人士。

与流言相比，烈火与宝剑算不上是瓦解组织的利器。

理查德·斯蒂尔
爱尔兰作家

GOSSIP

流言

守则 30：流言，禁止说不如禁止听

什么是流言？它的摧毁力为什么如此之大？如何制止？

在这里，所谓的流言是指两个人或更多人谈论第三个人的事情……在第三个人看来，他们说的这些话具有贬损意思，且没有人有意要帮助第三个人。

流言只会产生负能量，毁坏一切可能性，而且是任何团队都无法接受的危害性最强的一种行为。

不过，大多数组织倒是能够容忍流言。消除流言的努力往往是白费的，因为大家通常都是把主要精力放在禁止"说"上。这种方法的缺陷就在于，很多人都没能在当时意识到自己就是流言的传播者。

如果你想树立一个没有流言的文化，就必须把主要精力放在禁止"听"上，因为如果没有人听那些流言的话，流言自然也就传播不出去了。这种方法很简单：当有人开始抱怨或恶语中伤另一个人的时候，无论他出于什么原因，只管问他："先别说了，我们能

直接去跟对方核实吗？"如果他不要，那就不要再继续听他说下去了。

流言消除之后，我们就可以营造起这样的文化氛围：团队成员会互相给予积极的评价。如果你有着高远的志向，营造一种零流言的文化氛围是十分重要的。

我们应该记住，没有什么比带头实行一种新的秩序更困难、更危险或更具不确定性的了。因为创新者把所有在旧环境下表现出色的人视作敌人，把在新环境下表现出色的人视作冷漠的捍卫者。这种冷漠一部分源自对对手的恐惧，法律站在他们那一边；一部分来自人类的怀疑本性，不轻易相信新事物，直到对此有了长期经验。

马基雅维利
意大利政治哲学家

THE
PRIMES

How Any Group
Can Solve Any Problem

PART 4

避免团队失败的 12 条守则

对于那些不可避免的、对团队造成威胁的，使得团队不能获得理想成果的危险境况，你有多擅长预测、避免、消除它们呢？

本书前三部分，我们主要解决的问题有：掌控不确定因素、结成强大联盟、形成高绩效团队。目前为止介绍的 30 条守则能够让你以及你所加入的团队事先积极地做好准备，迎接成功的到来。第四部分内容将教你如何处理即将遇到的不可避免的阻力与窘境。当情况开始变得艰难的时候，它能帮你识别并规避一种"逃避"的趋势。

要知道，保守派是残忍的，他们不喜欢受到威胁。就像之前所讲，技术、问题解决、组织变革等项目牵连并影响了很大一部分利益相关者，其中 80% 的项目都直接失败了。即使是那些成功的项目中，也有一半没能实现当初立项时候的期望，而且绝大多数都超出了预算与截止日期。

　　好在，团队将自己置于险境中的模式是可以预测的。接下来，第四部分所讲的 12 条守则将介绍这样几种模式，以便你今后能做出积极的预测，并避免这些问题的发生，将问题扼杀在萌芽状态。

令人振奋的新思想总是被人轻视。如果它们没被轻视的话，毫无疑问会出现这样侮辱性的问题："那么，你为什么没有加入其中呢？"

赫伯特·乔治威尔斯

英国著名小说家

11

识别并克服阻力

| 喜欢一些人，无视一些人，你能做到吗？ |

虽然大多数人对改革持抵触态度，但这些态度的性质很容易辨认。只要了解了这几种常见的抵触态度，你就可以将相当一部分改革阻力转变成改革动力。同时，你也可以学会辨别、无视那些并不重要的阻力。

高绩效团队能够学会区分哪些人是变革的阻力，哪些不是。他们会在前者身上花最多的时间，而几乎忽视后者的存在。这一技巧是可以学会的。

多伊尔在识别改革阻力方面有一个独特的方法。他认为，当保守派开始发觉到威胁的时候，证明改革真正开始发挥效用了。如果没有阻力，就说明我们做的事情还不够有影响力。有一次，我们接到了一位客户的电话，他从中层管理者那儿听到了一些有关变革的消息，反应激烈。多伊尔大声回应说："大家终于开始注意到我们的动作了！"

这样说来，你必须能够接受阻力，同时还不能让它打败你。接下来的 3 条守则将教会你如何做到这点。

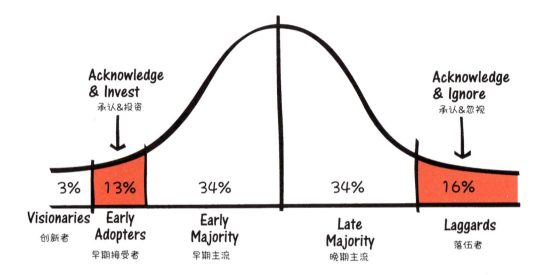

守则 31：落伍者，不要在他们身上浪费时间

知道如何惩罚那些"扼杀可能性"的人吗？

落伍者守则中的曲线旨在说明人们在面对改革时所做出的不同反应及不同的人群数量。3% 的人是"创新者"，他们可以随时改变意向。不过，在其他团队成员眼中，这些人的信用度有限。如果某些基本问题能够得到满意的答复，那早期接受者是很愿意冒险一试的。早期主流主要看早期接受者的态度，后期主流采取行动是因为他们不想被落下。不过，那些落伍者永远都不会有起色，他们会一直不停问你，无视所有答案，还会断言事情不会有进展，结果这些人就看着所有的机会从身边溜走。

领导者必须能够弄清团队中所有人的态度，以便无视那些落伍者，把时间和精力放在早期接受者身上。

那些创新者会立刻站出来。当团队考虑进行改革或引入新系统的时候，这些人是第一批申请加入的。从本质上来讲，这些人天生爱冒险，愿意接受新思想、新技术、新流程。不过，他们的命中率较低，而且他们快速上升的热情会给领导者造成一定的错觉。

创新者很容易被接下来有亮点的东西所吸引。虽然大家都想把这群敢吃螃蟹的人拉到自己的阵营中来，但创新者从不向任何人求援。这些人会不计后果地处理风险，这一点想必大家都清楚。

当面对新的想法或改革的时候，早期接受者会问一些重要的问题："这种新的可能性意味着什么？会对目前的市场份额造成什么样的影响？要如何处理目前的产品？"他们提出一些非常好的问题，然后期待满意的答复。他们会选择倾听，希望自己能够被说服。当他们得到了满意的答复时会说："好，我们目前还没有把一切都搞清楚，但已经掌握了足够的信息。我加入。"

只要早期接受者采取行动，接下来就会有大批人跟着他们加入进来。这些人的心地不坏，也想为组织好，但他们就是需要跟随早期接受者做决定。

晚期主流只想不被落下就好。只要早期主流采取了行动，他们也会自然而然地跟着行动。他们并没有真正了解事情的来龙去脉，或者改革意味着什么。但无论是什么，他们都想加入进来。

刚开始的时候，落伍者与早期接受者并没有什么区别。当面对改革或新事物的时候，这些人也会提出很好的问题。他们往往做好了准备，而且还很聪明。两者之间最大的区别就在于，落伍者问的问题较多，甚至当早期接受者已经做出行动时，他们仍旧在质疑。落伍者几乎不愿付出任何努力，他们喜欢坐享其成，喜欢被关注，这会让他们完全失去抵抗力。

过去，领导者有责任将落伍者转化为早期主流或晚期主流。但这种想法是错误的。落伍者早把自己当成了保守派的守护者，他们的目的是保护保守派不受未知因素的侵害。这些人没能意识到，或者说不能接受自己是有能力开创未来的。

落伍者总是想把大家的注意力放在自己身上，然后用"我就是想确保自己是在做对的事情"这样的托词，扼杀所有可能性。他们会在最不适宜的时机出现，还总是有着一股"神秘的气息"。

多年来，我们总是想拉着落伍者前进，但没有用，现在我们只好选择无视他们。无论他们开始说什么，只需听着，只需表示出友好，甚至可以做到亲密无间。同时还要配合相应的表情与反应。等到他们停下来，你就立即问他："明白了！杰瑞，你是怎么想的？"谁是杰瑞？如果他属于早期接受者，问问他的想法自然没什么不合适。因为每次交流我们都希望能够发展一些早期接受者。

能否实现目标，就要看你能否尽快成功辨别落伍者与早期接受者了，还要看你能给后者带去多大影响。当早期接受者采取行动时，所有你需要的人就都会跟着行动。假如一天有 10 个小时的话，一定要在早期接受者身上投资 11 个小时。他们才是你最好的支持者。

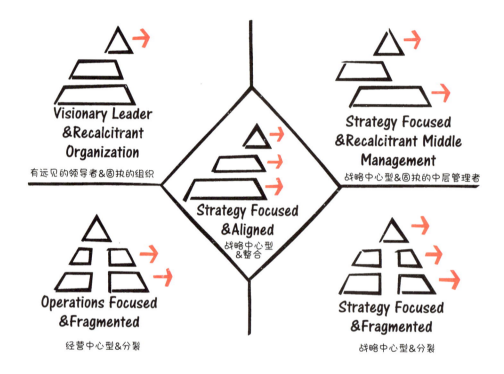

FRAGMENTARTION
分裂

守则 32：分裂，识别 5 种类型，重塑凝聚力

你有多擅长克服中层阻力？

分裂是指利益相关者对焦点和承诺产生分歧，团队意愿出现明显的裂纹。团队中的一些人甚至会首先质问，为何要冒险。从此，团队中不再有一致的理想，不再团结一心，不再有共同的愿景。

即便是在可能性最低的时候，团队分裂也是有可能发生的。所以，识别分裂的征兆是十分重要的。为了重塑凝聚力，领导者的行动一定要快速、有效。

当面对新的可能性时，人们的反应是可以预见的。分裂守则能够帮助领导者识别眼前的分裂类型。

◇ 中间位置的矩形代表一种理想的状态：领导者采取行动，接着，团队的中低层组织纷纷跟随领导者的脚步前进。

◇ 左上角图示说明的是，领导者采取行动，但团队中没有人跟随。这时领导者所处的

情形较为尴尬，当然也不会有好的结局。当团队发现自己无人领导时，愿景可能就会消失，整个项目就会失败。领导者必须让团队重新团结起来。

◇ 左下角代表的是一群毫无章法的组织。领导者和团队中的一些基层成员固守现状。这些人没能真正领会利害关系，也没有任何动力去改变任何事情。其他人则只考虑自身利益得失、我行我素。

◇ 右上角图示说明的是，领导者激励基层团队，却没有给中层管理者任何利益上的承诺。这种分裂常常发生在政府部门中，虽然领导者每 18 个月调动一下岗位，但出于职业生涯重要阶段的中层管理者却仍旧原地踏步。如果管理者不喜欢自己听到的信息，就会采取"略过"的态度。低估中层团队的影响力是领导者最为严重的失误。

◇ 最为常见的就是右下角图示所示的类型。在这种情况下，领导者团结了所有层级成员，可有些人仍旧固守现状。只要上层结构一有变动，中下层就立马四分五裂。有些人赞同领导者的想法，但其他人则持反对态度。这种棘手的情况必须十分小心地处理。

对于分裂所造成的问题，可以有多种解决方法。只要你弄清楚需要整合哪一部分团队，再利用守则去重塑凝聚力，形成团结统一的整体即可。从这部分守则中，我们可以看出其中很重要的一点：无论是推动变革还是阻碍变革，中层的影响力是不可小觑的，有时甚至比领导者的影响力还要大。中层也总会出现分裂的情况，关键就在于，产生分裂的人是落伍者还是早期接受者。如果是早期接受者，就必须立马分析清楚状况；如果是落伍者，那就无视他们的存在吧。

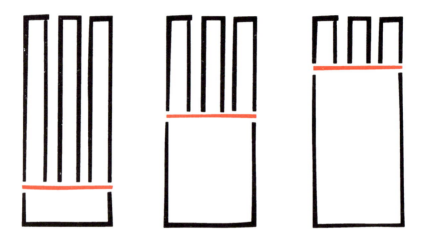

SAME-DIFFERENT

相同-不同

守则 33：相同 – 不同，推动利益相关者达成一致

每个人都是独特的，真的吗？

每个人都认为自己是独特的，认为团队中的其他人都不能满足自己独一无二的需求，这一点是大规模团队合作的一大阻力。使用共同的系统或流程会让这些人害怕，他们会觉得这种做法不可能满足自己的个人需求。相同 – 不同守则能够帮助大家克服这种恐惧。

相同 – 不同守则中的 3 个图形分别代表着 3 类组织架构。底部的方框代表团队中协调统一的部分，而上方的立柱则代表每个人不同的地方。比如，左边立柱高耸的图示就代表诸如通用电气等企业，而右边的图示则代表麦当劳等企业。通用电气公司有很多经营机构，如喷气发动机部、通用金融部、通用家用电器部，总之，有很多经营部门（立柱高耸）。但在资金运转上，通用电气有着统一的方式（底部的小方框）。而麦当劳几乎没有分支经营机构（立柱较短），每家餐厅的店面与操作流程几乎一样（底部的大方框）。但这两家企业的运营方式无所谓对与错，它们都很成功，只是组织架构不同而已。

相同－不同守则的主旨就在于帮大家在不同的利益相关者之间促成一致看法。首先，给利益相关者介绍相同－不同守则，看他们如何理解这一守则。多数团队都能够弄明白。然后问大家，目前所处的情况属于以上三种模式中的哪一种。一般情况下，他们都会选最左边的，或者极小的可能选中间的。接着，问问大家的一致看法是什么，将这些写在方框中。问问大家各自的特别之处，写在相应的立柱上。

接着，问清楚他们所写的特别之处到底有什么特别。看看这些特别之处是否源自之前的传统惯例，或是否极为重要，看看能否想办法将这些"不同之处"挪到"相同之处"的方框内。这种内容越多，合作的空间就越大，解决方法就越能带来规模效应。

每个零售商都曾拥有各自的信誉系统，而如今，所有零售商都得使用同样的信用卡识别系统。过去，旅行机构有自己的顾客预订系统，而如今，一个名叫 SABRE 的在线订票系统囊括了 5.5 万家旅行机构、400 多条航空路线、8.8 万家旅馆、24 家汽车租赁公司以及 13 条航海路线。过去，杂货店也有着各自的定价系统，而如今，大家都用一种通用产品代码（UPC）。有时候我们似乎忘了，为了实现当前简单而便利的条件，无数个意见不统一的利益相关者终究是放弃了自己的不同，接受了相同的经营方式。

实际上，相同－不同守则已经成了美国联邦法律条款。小布什政府就曾雇我们公司帮助美国政府实现网络服务。在网络服务方面，美国正落后于世界上其他国家，这就意味着我们正在失去市场。当时，我们做出初步判断，各政府机构都在建设自己的门户网站。我们使用多层次视角守则来分析这些全部的努力。利用这一守则，我们发现，22 家联邦机构正在建立门户网站，以便开展更大的项目，而且每家都在以各自的方式行动着。也就是说，每个市民需要接触 22 家独立的系统。

用户都希望能够有一个统一的系统。因为很多机构都坚决反对统一的标准，我们运用相同 – 不同守则为其解释了行政办公室、预算部门以及国会之间的情况。最终通过了电子政务系统法律，这样一来，能够便于政府机构之间开展合作。

运用这条守则能够让团队成员都接受统一标准。交流本身没有对与错，请不要将这看成是对矛盾的处理。

第 12 章将介绍 3 条守则，教你如何处理这些对错难分的窘境。

12

摆脱棘手的窘境

| 如何制止一场永无休止的争论? |

接下来介绍的第一条守则是适用范围最广且最容易理解的一条守则。20 世纪末和 21 世纪初,正因为对此条守则的内容严重处理不当,使我们遭遇了全球经济危机。这条守则就是大帽子 – 小帽子。大约 15 年前,多伊尔就已经在解决团队问题的时候用到了它,并在 1986 年介绍给了我。那是我学会的第一条守则,也是我如今最常用的一个。大帽子 – 小帽子守则揭示了"对我有益"与"对大家有益"两者之间的矛盾。

之后你还将学到大帽子 – 小帽子的 3 条姊妹守则,这 4 条守则代表着自古以来最常导致团队分裂的棘手因素。对此,我们回过头向古时候的学者求教,以求能够找到解决这一问题的方法论。

　　掌握了本章所讲述的 3 条守则之后，当各方价值观发生冲突的时候，你就能很快识别出这一场境来。你可以给他们解释，让他们知道这样做是没有用的。最后，你就能转变他们的想法，改变"我是对的，你是错的"这一态度，并用问题解决原则去找到最正确的方法。

生命总是在窘境之中游荡的。

亨利·路易斯·门肯

社会批评家、新闻记者、语言学家

BIG HAT-LITTLE HAT
大帽子-小帽子

守则 34：大帽子－小帽子，寻找"既/又"式解决方案

当多数人的需求与少数人的需求发生冲突时，你怎么做？

大帽子－小帽子代表团队中一直存在的一种对错难分的尴尬局面。戴大帽子是件有意思的事，就像一个企业的 CEO，要做有利于企业的决策。不过，也难免会戴一下小帽子，担心企业的行为会给自己或者周围的人带来负面影响。如果一个人的头上有两顶帽子，那他就不可能从一个角度出发看问题。直到两种观点得以阐明，否则两者之间的冲突会越加白热化，然而两者又较难辨清。

20 世纪末，大帽子－小帽子窘境就发生在了美国陆军国民警卫队的身上。当时，少将威廉·纳瓦斯（William Navas）担任警卫队指挥官，他清楚地了解当时美国宪法与立法者的用意。纳瓦斯在担任指挥官期间，警卫队由 54 位副将带领 36 万名士兵组成。一般情况下，副将负责向州长报告事务。这种制度是托马斯·杰斐逊制定的，目的就是想限制总统的权力，以免对各州产生威胁。不过，在战争时期，警卫队须听从联邦政府调遣。

正因为这种特殊的使命，国民警卫队一直都有着分裂的风险。一方面，警卫队有 54

支队伍，各队伍为维护本州利益而拥有独立决策权。另一方面，警卫队必须听从美国陆军的调遣。纳瓦斯将军的职责就是维护两边的事务。

在以维护州利益为最高使命的时候，副将们戴的就是小帽子。当他们与纳瓦斯将军一起将整个系统进行现代化改革而又受限于预算的时候，他们戴的就是大帽子。我们的任务就是为纳瓦斯将军筹划第一步行动，风险很高。如果纳瓦斯不能加强副将之间的凝聚力，那接下来与国防部之间所谈的预算问题将变得更加艰难，因此这是纳瓦斯将军最为关心的问题。

在纳瓦斯将军的指挥下，我们运用了"阻力是一直存在的"这一原则，顺利处理了大帽子－小帽子的尴尬局面。我们在会议室内的墙上挂了一张巨大的守则图示，并将其进行逐步分解。

描述了大帽子－小帽子的因素之后，我们让团队进行自我规整，舍弃那些不合适的小帽子行为。随即，新的价值观便建立了起来，团队开始从绝对化的"要么／要么"式解决方法转变成"既／又"式的解决方法。

大帽子－小帽子守则揭示的是：

◇　所谓的争论是难分对错的，而不是有明显的对与错。

◇ 这条守则的矛盾属性消除不了，只能对其进行管理。

◇ 大家在发言的时候，应该弄清楚自己的立场是怎样的。

◇ 在不影响大局利益的情况下，可以维护个人的小利益。

大家一致认为不能对大帽子构成威胁，这是很重要的。小集体没有权力损害大局利益。

副将们团结起来，弄清楚了国民警卫队开展变革的来龙去脉。在未来规划和预算方面，以及与国防部交涉方面，他们的团结一致产生了良好的效果。这类规划与预算问题如今已然成了美国军队要考虑的问题。同时，国民警卫队在州内保住了自身的重要地位，在政府需要的时候挺身而出。

领导者必须能够同时戴上大小两顶帽子，以便有效应对团队中对错难分的窘境。大帽子 – 小帽子是收获变革成果过程中的 4 大最难挑战之一，接下来要讲的守则将揭示另外 3 项挑战。

对与错之外有着一番广阔的天地，我就在那里等你。

鲁米
诗人

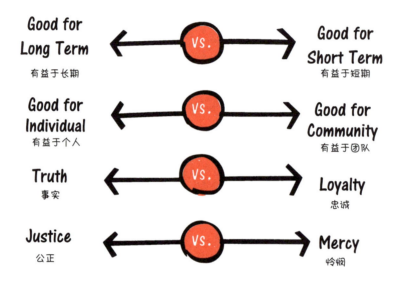

Good for Long Term 有益于长期 VS. Good for Short Term 有益于短期

Good for Individual 有益于个人 VS. Good for Community 有益于团队

Truth 事实 VS. Loyalty 忠诚

Justice 公正 VS. Mercy 怜悯

RIGHT VERSUS RIGHT
正确VS.正确

守则 35：正确 VS. 正确，不要对无所谓对错的事情分对错

分清对与错太小儿科了。你有多擅长解决对错难分的矛盾呢？

当双方因为话不投机而导致意见不和的时候，最大的误解就是：一方一定是对的，另一方一定是错的。虽然有着对错之分的两件事情之间容易产生矛盾，但是如果把本身就无所谓对错的事情当作有对错之分的事情处理，那结果只能像流言一样毫无根据且具有强大破坏力。首先，最关键的是找出两方之间的矛盾所在，以便领导者能够参与进来，之后要对两方的观点都给予肯定，进而指引团队朝着目标发展。

对错难辨的窘境是造成团队不和的 4 个因素之一。第一次领略它的威力，是缅因州罗克兰一家国际伦理研究机构中一位名叫拉什沃斯·基德尔的研究员告诉我的。我应一位高级客户的请求找到基德尔先生。当时，我那位客户发现人力资源部门出现一些不合时宜、缺乏道德，甚至违法的事情，所以他想从公司外部找一个人来帮忙审视一下组织目前的价值观问题，好以此摸清问题的脉络。

基德尔指出，组织的价值观问题应该不会是道德问题的根源所在。据他的研究表明，

全世界的主流价值观几乎都是共通的，比如，"真实""忠诚"是被大家广为推崇的品质。不过，当这些价值观，即这些"对"的东西之间产生矛盾的时候，就会产生严重的问题。以下就是一个很好的例子：当上级要求下属说谎的时候，当事人要怎样处理？下属面对的就是忠诚与诚实之间的窘境。

除此之外，到处都是这种对错难分的棘手问题。再者，当团队需求与个人需求产生矛盾时，会发生什么样的事？人类发展的过程中总会面对这样的问题。

有一个名叫苏西的小女孩儿，父母教她要做一个讲真话的小朋友。可有一天，苏西三年级的老师过来问她，她最要好的好朋友汤米是不是抄了她的答案。苏西知道汤米抄了。是要保证对汤米的忠诚，还是要保证对事实的忠诚？

在基德尔所写的《好人如何做出艰难的选择》一书中，他清楚地描绘了我们每天都能遇到的这些问题。应对这些挑战的第一步就是当事情发生的时候及时辨认清楚。了解了这些对错难分的窘境之后，大家就能够认清它们了。

说到解决对错难分的问题，其实并没有统一的解决方法。不过，接下来介绍的守则将教会你如何处理、解决这种互相矛盾、对错难分的问题，该模式是由基德尔提出的。问题的解决一定要及时，耽搁太长时间会对我们的努力造成毁灭性的影响。

那些难倒了所有哲学家的秘密，打败了所有律师的秘密，困住了所有商界人士的秘密，毁掉了几乎所有艺术家的秘密，就是对与错的秘密。

萧伯纳
爱尔兰剧作家

**Ends-Based:
Do the
greatest
good for the
most people**

结果导向型
做对大多数人有益的事

**Rule-Based:
Act as if
creating
a universal
standard**

原则导向型
努力创建统一的标准

**Care-Based:
Do unto others
as you want
them to do
unto you**

关系导向型
以己度人

RESOLUTION PRINCIPLES
问题解决原则

守则 36：问题解决原则，面对最艰难的选择找到最正确的做法

对错难分的尴尬局面一直存在。我们可以从古人身上学到什么？

在通往成功的路上，你可能会遇到一次或多次棘手的窘境。问题解决原则将教你在面对最艰难选择的时候找到最正确的做法。

每个领导者都有过处理低效率员工的经历。尤其是当下属给出的理由情有可原时，更是难办，比如像家庭或者健康等不受个人控制的因素。这让管理者陷入了两难的境地，到底是依照自己的个人判断去判断对错呢，还是从组织以及那些跟着受牵连的其他员工的角度考虑对错呢？

当面对此类对错难分的窘境时，只有以下 3 种最为合理的选择：

◇　结果导向型：以最广大群众的利益为衡量标准。

◇　原则导向型：按照规定的统一标准进行选择。

◇　关系导向型：从自身角度出发，以己度人考虑问题。

正如鲁米所说："对与错之外有着一番广阔的天地，我就在那里等你。"

伦理道德方面的困境是不可避免的，而且通常会被我们忽视。解决此类矛盾确实是一种丰富的人生体验。我们的工作就是帮助那些向我们咨询的人，帮他们看清问题，依照问题解决原则做事。阐明这些原则之后，大家可能就会找到最适合自己当前境况的一种。这里没有所谓错误的答案，只是一种选择而已。

我们宁愿被毁掉也不愿做出改变；宁愿死在白日梦里，也不愿走出梦幻般的生活。

W. H. 奥登
诗人

13

避开视野盲区

摸清暗礁在什么地方，可以很容易地避开。与团队合作的时候，你能发现暗礁吗？

本章将介绍 3 种最为常见且最容易绊倒团队的暗礁。所谓暗礁，就是大家视野范围的盲区，只要你事先知道它的所在，就能轻而易举地避开。

掌握了 13 章中介绍的几条守则之后，你就不用在领导发展及团队建设理论上浪费时间了。你会发现，领导与合作技巧是从实践工作中得出的，因为失败会即刻让你付出代价。

你还可以从团队的满意度中认清进展情况。无论是谁，只要对这个过程负有责任，就必须交出权力，让团队满意。

最后，你再也不会糊里糊涂地在做规划或在问题解决会议上进行决策了。

掌握这一守则还是需要付出一些努力的，因为你将了解到，只要是偏离了守则的轨道或忘记了相关内容，你就得付出沉重的代价。

大家集合到一起只是个开始。保持团结是过程，同心合作才是成功。

亨利·福特
福特汽车公司创始人

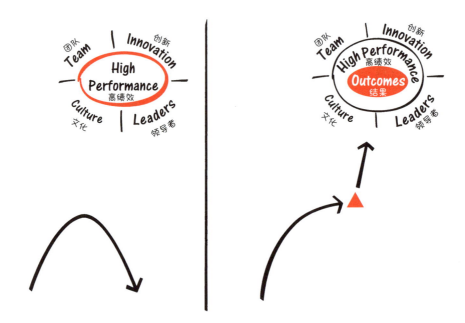

CHASE-LOSE
追求-失去

守则 37：追求 - 失去，厘清做事情的正确顺序

追求团队合作、领导力、道德感与文化，但结果却是失去一切。

过去 20 年里，我一心扑在高绩效团队、文化与领导者领域内，做了很多团队建设和领导力培训的工作。随着时间的推进，我开始逐渐认清了追求 - 失去的内涵。这条守则深深地影响了我对问题解决、变革、团队建设、文化塑造、领导力提升等时下问题的看法，因为它揭示了这样一个反直觉化的事实：我们所追逐的往往都是未曾拥有过的东西。在运营企业身上寻求一些可贵的品质，成为近几年最为流行的事。追求 - 失去守则将彻底推翻追求可以引领成功这一谬论。

当我们追求团队合作时，我们就会失去团队。

当我们追求文化塑造时，我们就会失去文化。

当我们追求领导力时，我们就会失去领导力。

当我们追求创新时，我们就会失去创新。

追求 – 失去守则说明的是，高绩效文化中所包含的团队合作、创新、领导力以及其他所有元素，不能仅仅是它们本身。这些元素是我们在追寻非凡成果过程中将会用到的技巧与竞争力。追求 – 失去守则就是理顺工作的正确顺序。

这条守则并不是要引导大家塑造高绩效文化中的元素，而是要引导领导者和团队按照以下内容行事：

◇ 追求有意义的结果。

◇ 迅速处理掉那些会给结果带来风险的因素，要么亲自教大家解决，要么阻止破坏性行为的发生。

◇ 实现目标与改善文化同时进行。

下面这个案例能够很好地体现出这些指导原则在变革过程中的适用情况，大家还将看到因此而得出的非凡成果与重大意义。

2001 年春天，时任美国总统小布什宣布，电子政务系统，即利用网络去改变政府运行及提供服务的方式，是政府的首要任务之一。当时，美国政府与其他使用电子政务系统的国家相比已经落后很多。在时任联邦政府信息办公室主任马克·福曼（Mark

Forman）的带领下，我们团队的任务是开发新的电子政务系统。诸如此类的项目情况都比较糟糕，当时我们面临两大对立问题：

◇　要想得到最大的收获，就得实现跨部门合作。

◇　联邦政府的机构组成根本就不适合合作。

应行政办公室请求，我们要求每个部门机构都选一名素质最好、最优秀的人加入到这一复杂多变的项目中来。接着，我们为这 75 名优秀人选提供了办公区、电脑、图示板、咖啡及果汁，还给了他们 100 天的时间弄清楚，在资源与领导力充足的条件下，美国将要在一年之内完成哪些最为重要的项目。

刚开始的时候，项目组成员心存质疑，也有防备心。多年来，他们经历了不少类似的过程。很快，只剩下 73 天、51 天、39 天。他们知道，到第 100 天的时候，他们的建议会直接送达管理和预算办公室（OMB）的高级领导者手中。

当时间越来越短，团队效率开始提升上来。他们处理了可能给成果带来风险的因素，包括领导力、团队合作、文化，而且越来越快。他们从早期接受者中识别出了落伍者，然后选择忽视落伍者。时间又剩一半的时候，他们赋予了早期接受者相应的责任。团队中也在持续不断地出现分裂，快速解决后又再次出现。时间继续缩短，风险水平仍旧很高。

在这为期 100 天的项目走过 70 天的时候，我去了一趟工作区。那里充盈着咖啡的味道，一切皆有可能的味道。我注意到了有人带来的百吉饼和奶油芝士，接着，我惊奇地发现自己置身于一群高效合作团队中。有些人在三三两两地一起讨论事情，有些人聚拢在一台电脑旁，努力让屏幕上出现的数字变得有意义。大家甚至会席地而坐，在一张很长的纸上画着什么。完全看不出这些人是来自不同部门机构的，大家都是项目组成员，组成了一个解决国家级实际问题的高绩效团队。截止日期一到，他们提交了数百个待上马的项目，其中有 22 项被选为接下来被投资、执行的项目。政府运行及服务网络投入使用后，美国在世界领域的排名从第 30 名直升到第 1 名。

作为该项目的管理人员，我们从不去刻意追求团队建设、领导力发展或是创新之类的东西，也不会刻意营造文化。我们只是及时处理那些可能会影响结果的风险因素。

追求 – 失去守则理顺了做事的正确顺序：

◇ 首先，接起电话，回应艰难挑战。

◇ 接着，招贤纳士，宣布你的目标。

◇ 然后，忙起来，尽快工作。

◇ 最后，处理掉那些可能会给成功造成一定威胁的因素。

　　这一正确的顺序能够让你有机会融入高绩效团队中去，深刻体会领导的权威，取得一席之地。

　　如果我们总是停停走走，那就只有永远的暂时停靠。一个人的目的地绝不应该是某一处地点，而应该拥有看事物的新角度。

亨利·米勒
美国"垮掉派"作家

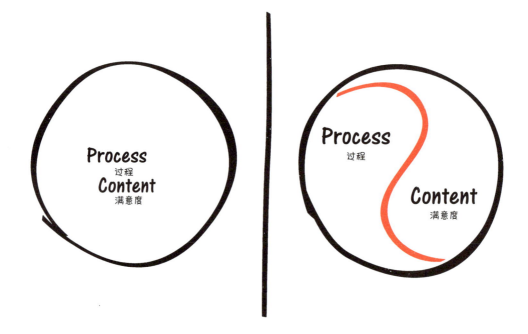

PROCESS-CONTENT
过程-满意度

守则 38：过程－满意度，确保监督者保持中立

你可以控制过程，也可以控制满意度，选一个吧。

如果你的团队成员数量超过 7 个，就必须找个人出来监督流程。无论是谁监督流程，他都必须放弃自己的权力好让大家满意。令人遗憾的是，人们总是违背这一守则。

我经常看见主持会议的高层领导者在监督流程时，一边表达着满意之情，一边对整件事做评论。这种做法很不合适，因为利益相关者没能充分参与进来，没能想出最好的主意。

其中的原因很简单，如果你在管理着程序，就必须为结果承担风险，必须想办法为了获得想要的结果去控制流程。当讨论事项关系重大且有很多利益相关者参与的时候，流程与满意度必须分开来管理。必须有人负责精良的流程设计，要尽量清晰、公正。

负责管理流程的那个人必须监督流程，以便督促参与者。无论由谁来担当这一重要角色，都得放弃自己的权力以赢得大家的满意。我称这段时间为"扮演中立角色"的时段。这个人要承担起为团队服务的角色，放弃提意见的权力，自始至终都遵守流程规则。

当这个人暂时从本职工作中抽身出来时，一定要让大家知道他角色的转变。这个人只是在有限的时间里愿意扮演这一角色，与他的身份没有关系。

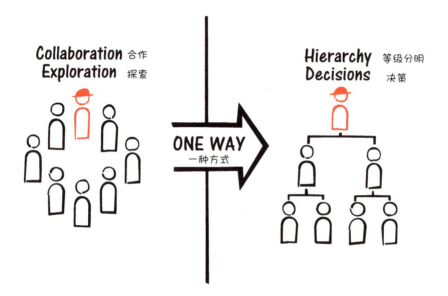

Collaboration 合作
Exploration 探索

Hierarchy 等级分明
Decisions 决策

ONE WAY
一种方式

SHAPE SHIFTING
角色转换

守则 39：角色转换，弄清楚自己的职责范围

怎样毁掉自己在团队中的威信？

说到做决策，没有比会议更加合适的场合了。不过，那也是大家提意见（之后再做决策）的好场合。领导者可以担任促使团队合作的那个人，也可以是最后做决策的人，但不能两者兼顾。你清楚自己的职责范围吗？

每个团队都需要，也想要有一个领导者。我们在这里为大家介绍两种风格的领导者：

◇ 投身团队合作的领导者：这些人能够卷起袖子与大家一起干活，与同事一起想办法，做决策之前会听取团队的建议。

◇ 主张在团队中建立森严的等级制度，并利用自己的权力做决策的领导者：这些人常常运用领导力范畴守则中介绍过的指挥－控制型领导方式。

两种角色都很重要，关键在于领导者要清楚自己所扮演的角色。很多人经常犯的错误就是，嘴上说与团队成员之间的关系是合作，转眼就独自决断。这种角色的转变就是

所谓的角色转换，它通常会影响领导者在团队中的受信任程度。

有些决策的制订需要创造力、创新以及团队的参与和智慧，而其他情况下则需要快速的决策。

在探讨开放－关闭－决策守则的时候我们就发现，没有所谓的团队制订型决策。优秀的领导者懂得如何做决策，当然也会用到这里讲到的两种领导方式。如果你与团队的关系是指挥－控制型的，你也必须掌握合作的技巧。角色转换守则告诉我们，当一个人在这两种角色之间转换的时候，可能会碰到潜在的危险。

一位领导者宣称要采用团队合作的方式来生产创意，却深陷角色转换的泥潭。他会突然在会上大喊："这个主意太糟糕了。别想了。"或者："比尔，那是个很好的主意！就这么办了。"随后，无论当时职位是如何安排的，独裁者只一个人说了算。领导者转换了角色，而且利用自己在组织中的权力做出了与周围人完全不同的表现。他看中一个想法，然后在头脑中进一步思量，最后在大家面前做出决策。

董事会上，大家都知道这点。那些没能阐明观点的人会默不作声，他们不再信任这些流程。团队会加强警戒心，不再像之前那样合作。团队成员担心自己的想法会在公开场合遭到唾弃，于是为了躲开可能的尴尬，便不再畅所欲言。

为了避免发生上述这种角色转换错误，你必须遵守以下指示：

◇ 要分清哪些事情需要团队合作，那些事情需要指挥－控制型领导方式。具体情况具体分析，找出最合适的方法。

◇ 任何情况下都要有意识地弄清楚自己应该扮演的角色。

◇ 不要在两个角色之间转换，如果必须转换的话，要提前告知团队，尤其是从合作向指挥－控制型转换时。记住，一旦转换到了指挥－控制型，就不太可能再回到合作型了。

◇ 在任何会议上都不要与团队成员交换角色。如果有一天你与成员是合作的关系，就尽量不要针对某一特定的想法做决策或阐述不应该有的评价。合作通常是用来产生建议的，而非决策。认真考虑过这些建议后，过几天再利用你在组织中的权力做决策。

14

拒绝默不作声

生活中，我们都尽量避免尴尬。当团队成员故意默不作声、明哲保身时，你能意识到吗？

回忆一下，上次在众人面前遭遇尴尬、蒙羞的时候是怎样的情形。绝大多数人不用费多大力气就能回忆起那段恼人的事。但是，大家不了解的是，从那一刻起，你就暗下决心不再让自己有那样的遭遇，不再有那样的感受。

有些时候，当你与团队想赶在截止日期之前完成任务时，你就很有可能会变得没有信心。事情没有按照原计划顺利发展，看上去很是艰难。但是，你没办法承认是自己的错误，因为害怕遭遇尴尬，害怕丢脸。对于这些逃避责任的人来讲，他们总会有很多便利的理由，既不用拿出成果，也不用遭到责备。绝大多数人都没有意识到自己是在逃避，不过，当你看到接下来要讲的几条守则时，你就会稍微有所了解，凡是读到这本书的人都觉得你是在逃避。

接下来的 3 条守则将阐述：

◇　你会感觉到自己与团队的权利逐渐被人剥夺，成为"受害者"。

◇　如果大家都把精力放在嘴上而不采取行动的话，就会越来越焦虑。

◇　你会发现，其实那些陈述团队表现的报告几乎没有任何价值。你可以将这种评估方式改成跟踪团队成员的想法，在适当的时候加入他们。

总之，接下来的 3 条守则不会容忍大家的默不作声。

改变会引起人心理的极大反应。它会让人感受到恐惧，因为情况可能会变得更糟。它也会让人感受到希望，因为情况可能会变好。它还会让人感受到振奋人心的自信，因为挑战之所以存在，就是为了让事情变得更好。

小金·惠特尼
美国民权领袖

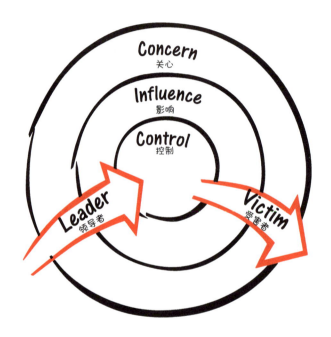

VICTIM-LEADER
受害者-领导者

守则 40：受害者－领导者，让团队充满正能量

"被害"一词听上去感觉如何？

优秀的领导者与高绩效团队的成员之间总是能够细心交流，并从中发现蛛丝马迹。当团队开始抱怨做事没有效率或者责怪别人效率低下时，领导者就能意识到这中间发生了问题。受害者会这样说："如果连国会都只顾自己，那我们也只能管自己了。"对于那些你控制不了的事情，不要给予任何希望，因为你什么也得不到。

优秀的领导者能够识别出团队是以一种赋权感和积极自主的态度在工作，能够帮助受害型团队重获力量，帮助自主型团队维持他们的动力。受害者－领导者守则可以说是"核武器性守则"，因为当它引起大家注意的时候，往往会招来恨意，大家还会憎恨那个揭开这一事实的人。当然，还有一个原因就是，做一名受害者远比做领导者要容易。

无论什么时候，团队不是在受领导者带领，就是在被受害者牵着走。他们要么谈论自己能做的事，要么谈论别人对自己做的事。了解了这条守则之后，大家会发现，团队就是那个导致受害感的罪魁祸首。这种突然间的警醒会让那些曾经容易的事，包括逃避

和推脱责任，变得令人无法忍受。

自始至终，承担责任都会让人倍感压力。因此，受害者 – 领导者守则是少有敢讲真话的守则。即使拿来给自己用，这条守则也是十分可贵的。所以，如果你不是那个为团队出头的人，那就请认真关注团队的发展走向。引导团队成员聊一些他们能够控制得了的事情，这才是他们积攒能量的地方。

阻力会一直存在。

迈克尔·多伊尔

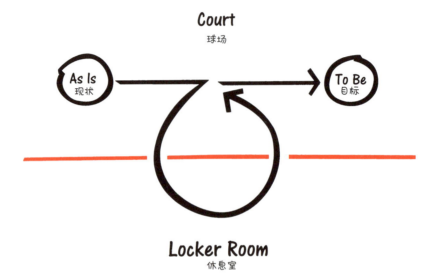

Court
球场

As Is
现状

To Be
目标

Locker Room
休息室

COURT-LOCKER ROOM
球场-休息室

守则 41：球场 – 休息室，"做"永远比"想"更重要

你有没有发现，做规划就像是在经历一种垂死体验？

做规划是在经历一种垂死体验。我们从生活中跳脱出来（球场），站在旁观者的角度谈论生活（休息室）。往好的方面说，做规划能让我们的生活变得秩序井然，然后采取行动。在商业环境中，做规划更多时候就相当于给我们手头塞些事情做，实际上我们也不用做什么。

对于那些以帮助企业解决复杂问题、推动系统改革与变革为生的人来讲，上面这些话着实有些过分。很明显，做规划是其中极为重要的一部分工作内容。问题就在于，规划本身并无风险。规划不会让人有危机感。相比之下，当我们在球场上的时候，包括筹集资源、修订政策、制订新协议、整合新系统、上市新产品与服务、加工、指挥团队冲刺，就得冒着丢脸、犯错、承受危机感、被解雇甚至被杀的危险。

我们在应邀为华盛顿市政一项为期 18 个月的项目做改革时才领悟到这条守则。当时，领导者按照我们的日程安排定期参加会议。记得在第一次规划会议即将结束的时候，

我们问大家："当务之急，有什么现成的事情来启动变革吗？"大家顿时紧张起来。他们说："这只是制订规划的第一天，谈行动太早了。"我们问他们："你们在华盛顿生活工作多久了？"加在一起的话，怎么也有 500 多年了。于是，我们回应道："那我们大家就有了 500 年的经验，还有近期很多研究成果。大家闭上眼睛，想象一下目前的华盛顿，真的没有什么事是必须马上做的吗？这不需要再长的时间考虑了。因为，这件事要么是我们必须为这座城市做的，要么是千万不能为我们想象的这座城市做的。"

过了一会儿，其中一个官员提出了一个建议，关闭华盛顿唯一一家公立医院。他解释说："那栋建筑太旧了，而且建材都是石棉瓦。我们已经研究这件事好几年了。而且我们知道，更新它的成本太大，这样做不值得。"

我们这样鼓励领导者，可以把这场华盛顿改革看成是一场篮球比赛。大家可以制订出一个完整的赛事计划，接着我们就上场行动。在球场上的时候，我们会看情况叫停比赛并调整计划。有时候，我们甚至会宣布停赛，大家一起进一步商量计划，然后再上场。我们鼓励领导者们，不是非得先拿出一份计划，然后立即执行。相反，在绝对必要的时候，我们比较倾向于在球场上实行改革。离场之后，大家回到休息室，做些计划，然后再回到球场上去。

团队接受了这个建议。一周之后，领导层宣布，是时候关闭华盛顿唯一的公立医院了。事情就这样发生了。接下来的 18 个月里，我们还是按照日常安排定期召开会议，根据动态不完备守则进一步讨论有关城市发展的愿景，同时，我们还会找准时机采取实际行动，就这样一直朝着愿景前进。

球场–休息室守则将"想"与"做"区分开来。虽然两者都很重要，但做更加重要，难度也更大。大家请注意图示中从球场到休息室之间的那个圈。我们可以看出，当大家在球场上齐心合力朝着目标努力的时候，现实世界有时会给大家带来惊喜。有些计划之外的事情会偶尔发生。这个时候，团队就要离开球场，到休息室去研究这次突发的新情况。一定要注意，当你走出休息室后再次回到球场的时候，一切要从你离开时候的状态开始。

仔细研究一下这条守则。团队承诺要在规定的时间内实现目标。当意外发生，当团队成员离开球场去休息室的时候，时间可是一刻都没有停。大家进行着激烈的交流。眼界开阔了，反馈川流不息，团队已经忍不住要冲出休息室重返球场。哇，就是这种感觉！

球场–休息室守则还说明了一些有关创新的事情。时下，一种新兴产业正如火如荼地发展着，主要是帮助企业加强创新能力。据我观察，通常情况下，人们的创新能力都是在如下情境中得以充分发挥的：

◇ 现状明确、目标明确，了解行动的必要性（利害关系）。

◇ 公开发布目标完成的截止日期。

◇ 此刻正是他们处理突发情况且情况危急的时候。

以上这些情况总是能激发创新能力。我一向都十分肯定人们的想象力、创造力以及智慧。关键就在于，千万不能改变截止日期，因为这是团队的承诺。时间紧迫，压力逐渐增多，正是这样的压力才能催生出创新的动力。

在对团队成员身上运用这项球场－休息室守则时，首先要向成员介绍清楚，然后给他们时间消化理解。接着，当他们从事各种活动的时候，你就可以帮着解释清楚哪些场景相当于在球场，哪些相当于在休息室。接着，守则就可以发挥效用了。慢慢地，团队会开始进行自我调整，你便没有必要再强加什么了。你很快就会发现，大家已经不能容忍那些例行的报告会议与无用行为了。

我们要征服的不是高山，而是我们自己。

埃德·蒙希拉里
登山家

A Powerful State of Learning

一种强大的学习状态

CONFUSION

困惑

守则 42：困惑，进入学习的最高境界

为何困惑会有如此强大的力量?

"犯错的感觉到底是怎样的?"这是《摘棉花》(*Picking Cotton*)的合作作者詹妮弗·汤姆森－卡尼诺（Jennifer Thompson-Canino）问我们团队的一个问题。大家的回答大致是"尴尬、丢脸、不好意思"。接着，詹妮弗又向我们确认了一遍，这真的是我们犯错后的感觉吗? 我们的回答仍旧是："是的"。她回应说："那么，大家就都错了。"接下来的几分钟里，屋子里一片沉寂。我们坐在那里，满心的困惑。

解开谜底之前，我想让大家回忆一下自己犯错时是什么感觉。这对绝大多数人来讲并不是什么难事。拿一张纸，将犯错后的心情写在上面。如果答案与我们之前所给的一样，那你也错了。困惑吧? 这就对了。詹妮弗接着解释说："做错事的感觉应该与做对事的感觉一样……直到你意识到自己犯了错误。"

公元前 6 世纪，人类相信地球是平的，而且穷其一生都认为自己是对的，然而这种认知却是错误的。想象一下那个下午，毕达哥拉斯将大家召集到以弗所大剧场，他要宣

布一个惊人的发现："嗨，大家好。大家都认为地球是平的，对吧？"大家你看看我，我看看你，都点了点头。接着，毕达哥拉斯说道："我们当然是这样想的。不过，我们都错了。"大家感到既震惊又困惑。"没错，我有证据能够证明地球其实是圆的。这是我们有生以来犯的一个大错误。地球没有边缘。如果我们一直朝东走，最后就会回到原地。"直到那一刻，人们才意识到"地球是平的"这一观点是错误的。在这之前，他们虽然是错的，但觉得自己是对的。那些"感觉"到犯错的人，正是那些开始一段对话相信一件事、结束这段对话相信另一件事的人。

无论你是团队的领导者还是团队中的一员，类似的情况都会发生。这在你身上同样适用。当下，我们很有可能坚守着自己认为正确的想法，其实是错误的。作为变革的促进者，在获得共同的视角、共同的意愿以及协调的行动之前，我们必须有困惑的时刻。困惑是一个人撇开腐朽思想和无知、获得正确信念和新知的必经过程。

困惑守则阐明的是，困惑是学习的最高境界。在这里，困惑是一种值得欣赏与享受的状态。

好样的，就是要这样酷酷的。

面带微笑地迎接艰难困苦。

它们认为你察觉到了它们编织的网

这激怒了它们

继续自由地思考吧。

节选自忧郁布鲁斯乐队专辑《梦想的入口》中的《伊始》

THE
PRIMES

How Any Group
Can Solve Any Problem

PART 5

面向未来持续发展的
4 条守则

如何才能出淤泥而不染？

开始即为结束。未来不再像原来的样子。如今稳定的状态正随着环境的迅速变化而变化。对于那些害怕到极致的人来讲，不要担心。我知道，大家一定把世界的重置看成最为刺激的时刻，因为你的目标就是挤到风口浪尖上。你就是那个带领企业冲向前方的管理者；你就是那个采用新手段去驾驭企业资源、将新产品推入市场的工程师；你就是那个不以逐利为目的、愿意帮助处在困难中的人；你正带领国家形成新的世界秩序；你是时刻准备着的莘莘学子，要为自己征得一席之地。

掌握了这些守则，你就做好了大显身手的准备，迎接世界带来的挑战。你会乐意去讨伐体制、反抗现状。成功取决于健康的身体与面对未知因素的良好心态。学会这最后4 条守则，你将如虎添翼。

15

不要让干扰因素干扰你

| 你是如何让自己不分心的? |

艾略特曾说，他发现自己"总是被干扰因素所干扰"。2010 年的《科学》杂志上刊登了发展心理学家帕特丽夏·格林菲尔德（Patricia Greenfield）的一篇文章。文章指出，随着屏幕媒体的日渐繁荣，导致"人的高级认知能力减弱"，包括"抽象理解力、思维活跃性、反应灵敏性、解决问题能力、思考能力、想象能力"。总之，人类的发展遭到了干扰。随着各种应用程序、机械甚至食品在争夺我们的注意力，这一问题变得更加严重了。

高绩效团队都非常认可莫扎特的那句名言："做成很多事情的捷径就是一次只做一件

事。"李小龙曾对那些保守派人士提出建议："大侠都是普通人，是专心致志做事的人。"

本章将教你在这嘈杂的环境中为自己与团队留出一片空间，去认真思考，培养好的心态和好的创新与设计理念，集中主要精力解决复杂问题，完成系统变革。

学会倾听，久而久之，即便是那些不好听的话，你也能从中受益。

普鲁塔克
希腊传记作家

A CLEARING

无物之境

守则 43：无物之境，专注于手头的工作

你有多擅长创造无物之境？

所谓无物之境，就是一切皆无的境界。你可以在日程安排上创造这种境界，也可以在办公室、家中或是会议室让身体达到无物之境。不仅如此，思想也同样可以达到这种境界，因为思维空间存在着任何可能性。无物之境就是要排除掉一切事实、想法、技术、人、会议、干扰因素、障碍、偏见。简而言之，你要放弃一切事物。在这无物的空间里，你只须留下承诺。你要守护好这无物之境，只有对结果有益的因素才能通过这道防卫。

无物之境就是这样一种地方，在那里，你能用最少的人力、最少的资源，在最短的时间内去解决难题、推动改革、发动变革。在无物之境，人们可以集中注意力，可以有深入的交流，可以有周全的思虑。在这种境界里，大家可以做自己想做的事情。

解决复杂问题是我们的职责，但是为了更好地了解与解决问题，我们需要周全的思虑。然而，我们总是会被这样或那样的信息与要求干扰。请大家考虑下面两个实际问题：

◇ 2008 年，美国的青少年每天发送与接收信息的数量达 80 条，是 2007 年的两倍。

◇ 2007 年的一项研究显示，微软员工处理完邮件后要花将近 15 分钟的时间才能把思绪收回到手头的工作上，比如撰写报告或者电脑编程。

很多公开发表的研究结果都已经表明，诸如智能手机与电脑这种可造成持续性干扰的因素，都会对人们正在从事的工作带来负面影响。

还有一个问题，落伍者和其他蓄意干扰者通常会利用网络和电脑数据对团队造成影响。在"行动之前一定要经过深思熟虑"的重压下，团队就会寸步难行。

所以，请为你的团队创造出一个无物之境吧。过滤掉一切噪音，除了对结果有用的东西，阻隔掉其他一切事物。以下是几点建议：

◇ 尽量缩小团队规模，试着鼓励大家将那些对项目发展至关重要的信息带进来。

◇ 尽量减小信息量。

◇ 当你需要认真思考事情的时候请远离其他事物。尽量不要收发信息、邮件，同时还要保证与外界的联络。

无物之境守则不是要让生活发生改变，它只是强调要专心于手头的工作。高绩效团队往往会因为某一个手头项目而创造暂时的无物之境。等任务完成之后，就可以从这种境界中走出来，选择自己想做的事情。就像人们在过程－满意度中扮演的角色那样，无物之境也并非是永远的，它只是暂时地关注某一个领域而已。

人是这样的，灵魂之火一旦燃烧，一切的不可能都将消逝。

让·德·拉·封丹
法国寓言作家

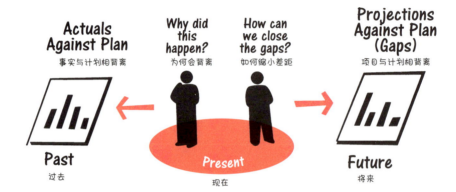

守则 44：朝前看，缩小与目标之间的差距

审视过去与展望未来都很重要。平衡点应该在哪里呢？

一天晚上，安达信会计师事务所的高管鲍勃·凯利（Bob Kelly）在华盛顿特区杰弗逊酒店的私人餐厅举办了一次晚宴。当时，围桌而坐的都是一些声望较高、出类拔萃的商界领导者，他们正在就一个问题展开激烈的争论。

讨论变得越来越激烈，宴会主人鲍勃静静地听着。正在这时，甜点上桌了，鲍勃慢慢地举起手来说道："朝前看。"大家都安静了下来，这个简单的词汇提醒了我们，要把注意力放到我们有能力做到而且需要做的事情上。

几年后，我们公司一位名叫彼得·迪吉亚马力诺的董事会成员，在与人交流和企业管理方式上给了我相当大的影响。迪吉亚马力诺是一个了不起的老师，也是一个有耐心的人，他让我懂得了，领导者要么关注过去的绩效报告，要么关注未来的发展趋势。大多数人都会把时间花在绩效报告上，可能是因为既然信息已经被搜集了来，也经过了确认，为什么不多回顾片刻呢？然而，虽然与计划不相符的未来趋势让人头疼，但与前者

相比要更加重要。说到组织或系统的绩效，领导者必须要过问以下两个问题。

◇ 询问过去的绩效："公司上个月的计划是什么，表现如何？"紧接着引出下一个问题："为何会有这样的结果？"这是一种反馈式学习方式，从这个角度看，问得很到位。

◇ 询问未来的表现："公司下个月的计划是什么，目前进展如何？"紧接着引出下一个问题："为了弥补计划与目前情况之间的差距，我们该采取怎样的措施？"这是一个十分具有前瞻性的问题，所引导的行动直接影响着未来的成绩。

目光盯着未来的领导者会在 11 月的时候就问明白 12 月的营业目标以及目前的状况。接着，只要是发现了一点下滑迹象，他们就会立即采取行动，弥补计划与当前情况之间的差距。他们会这样问管理人员："为了弥补这之间的差距，我们现在该怎么做？"这个问题很好地解释了朝前看守则的主旨。团队也可以通过以下概念来兑现自己的承诺：

◇ 计划：未来某个时间点打算完成的任务。

◇ 推测：除非我们做一些不一样的事，否则我们所认为的真的会在某一时间点发生。

◇ 事实：回顾、评判过去时所看到的已经发生过的事情。

◇ 修正：当推测与计划相去甚远时我们要做什么。为了在系统中重塑健康的张力，我们需要采取一系列修正行动，但从未忘记最初的计划。

高绩效团队采用两种方式来衡量自身的表现。他们会对比实际业绩与计划目标，从中寻找差距，然后再问为什么。或者，他们会将偏差结果与计划目标进行对比，从中寻找差距，然后再问如何缩小差距。后一种方式就是朝前看型，能让大家果断采取行动。

我们不能坐等世界的改变，不能坐等时代的改变，因为我们自己可能会改变。我们不能等变革发生时才跟着改变，坐等革命把我们带到新方向。我们自己就是未来。

布鲁托
哲学家

16

先关注自己，再关注客户

> 你能不再疑心"哪里错了"吗？

年轻的时候，我志向满满，不管是什么项目，都很在意自己的办法是否有效。记得有一天晚上我心情压抑，多伊尔让我们早早收工，还带我去打台球、品尝美食，然后回家。当时，我很担心到底有多少工作被推到了第二天，多伊尔告诉我："改革是很艰难的。我们的头等大事是要照顾好自己，之后才能工作。"那晚之后，我就暗下决心，一定要先照顾好自己，然后才是关注客户的需求。

本章最后两条守则适合所有反抗现状的人。第一条守则将教大家如何区分承诺结果与专注结果。第二条守则将教会你如何控制你自己，掌控自我感受，无论周围发生什么事情。

将这最后两条守则看成是战士的护身盔甲吧。它们能够保证你找到当下时刻的平衡，保持对当下的好奇心，欣赏当下时刻，与此同时，还能让你在最为复杂的情况下与他人进行前所未有的深度交流。

旅行是一种鲁莽的行为。它迫使你去相信陌生人，失去了在家中和在朋友之间熟悉的感觉。你会一直找不到平衡。除了一些基本的要素，比如空气、睡眠、食物、海洋、天空，你一无所有，一切都接近永恒，或者在我们想象中是这样。

切撒尔·帕韦塞
意大利诗人

COMMITMENT VERSUS ATTACHMENT
承诺VS.依恋

守则 45：承诺 VS. 依恋，不要让结果影响你的情绪

"这项目太让我失望了。"说这句话是不理智的，为什么？

你的首要任务就是摆好心态，这样才能坚持下去。推动变革的人应该比固守现状的人更强大，比任何人都更健康。

承诺 VS. 依恋守则将完全从个人角度出发，考虑新的可能性。说起来，领悟这条守则的场合还真令人觉得奇怪。

2008 年夏天，我女儿卡莉邀请我和她的朋友们还有我侄女卡蒂去俄亥俄州看杰里·加西亚（Jerry Garcia）的演出。我们开着车在 I-70 公路上行驶了 10 小时，终于抵达了目的地。一位名叫安娜的女士来迎接我们，并递给我们几张门票，然后指挥我们停车。她看上去大概有 50 岁左右的样子，一双蓝眼睛，红色的长头发扎在脑后，身上穿着鲜亮惹眼的太阳裙，全身上下透着 20 世纪 60 年代的气息。

　　我把露营车停到一处几近空旷的地方，那里看上去能容得下 10 万人。然而，来参加聚会的付费客人只有大概 200 人。所有的音乐人和供应商加起来似乎比客人都要多。第二天早上，我决定还是给孩子们留些自己的空间。于是，我和安娜坐在了大门口的位置。过了一个小时，又零星来了几拨客人。我了解到，安娜有 4 个孩子，在当地一所学校教书，这次聚会就是她们家举办的。后来，我忍不住问她，来的人这么少，眼看这是在往里砸钱，为什么还能如此平静、释然。

　　安娜跟我解释说，她家承诺过要办这次聚会，而且已经尽可能地请了所有客人。现在，任何结果她都能欣然接受。无论事情怎样发展，她都选择坦然面对。她说："我们尽力实现目标，却从不被结果所掌控。"

　　那一刻，我感触颇深。后来我把安娜介绍给了我的侄女和女儿，还有她们的朋友，我们还在 T 恤背后印上了"不要在乎结果"的字样。我至今留着那件 T 恤。

安娜和她的家人有做大事的勇气与心态，并把对结果的承诺与对结果的依恋分开来对待。因为他们承诺过，所以会尽己所能地举办一场精彩的音乐会，然后心平气和地接受任何结局。安娜之所以有这种心态，是因为她自己的选择，她不要让结果掌握了自己的喜怒哀乐。

假设你向团队承诺完成一项任务。无论是尽己所能还是依恋结果，你的心态都是不合理的，你会为了承诺而想方设法地达到目的。承诺与依恋之间的区别体现在对待结果的态度上，包括你自己对结果的感受以及其他人的看法。如果因为没能兑现承诺而变得气愤，这就是一种依恋。凡是对一件事有所依恋的人都会被这件事所掌控。

解决问题、推动改革、发动变革，这些事情的发展本身就有很多变数，包括始料未及的风险和非可控的因素。依恋结果就意味着放弃了对自我的控制，这终究会导致你精疲力竭。所以，做出承诺，随性地生活，尽自己最大的努力按时交付成果。最后，欣然地接受任何结果，无论是自我感受还是其他人的看法。

如果你被外界因素所影响，其实不是它们打扰了你，而是你自己的判断出了问题。现在，你有能力清除这些判断了。

马可·奥勒留

Be
存在

Notice
注意力

Choose
选择

Be
存在

BE
存在

守则 46：存在，掌控自我感受，不被压力击倒

修整草坪的过程中，你知道自己有多擅长吗？

存在守则意在介绍一种能够按照自己意愿掌控心态的简单方法，这与周围的一切环境并无关联。这一点很重要，如果变革需要采取某些必要的行动，那么就会招来阻力与障碍，人们甚至会与你公开对抗。这项自我守则将教你如何在自己选择的领域尽心竭力，同时还能掌控自己的情绪与存在感。

我是在与"女性总裁组织"（WPO）合作的时候领悟到这条守则的。这一组织旨在为女性领导者提供与同仁相互交流、学习、支持的机会。这次特殊的会议是在 2010 年金融危机正严重的时候召开的。几年来，这些女性领导者带领自己的组织走过了风风雨雨。可这次难关恐怕要让她们束手就擒了。

这些女性领导者了解承诺 VS. 痴迷守则。我们正在想办法让大家成为一名既有能力又不会被每天的琐事和压力所压倒的人。其中一名与会者提醒了大家，控制自我感受、不受环境所困的关键因素就是"关注"自我感受。接着，她与其他人共同总结了"控制

自我感受不受环境所困”的精髓，并通过以下 4 个步骤得以体现：

◇ 感受：时刻都要承认，你随时都在感受着。

◇ 关注：偶尔停一下，关注一下自己的状态。

◇ 选择：感受自我的同时，你可以任意选择一种想要的感受。

◇ 立刻找到想要的感受。

当你被一群嘈杂而忙乱的人群所包围时，一定要找好自己的状态。时间所剩不多，而整个团队仍旧一无所获。在这期间，你发现自己周围一直都是乱糟糟的，让人感到沮丧，甚至气愤。你会因为屋子里的一两个人而感到生气。这时，你便忘记了选择感受自我。

那一刻，你应该选择心平气和，选择感受自我。你周围的环境没有发生任何改变，屋子里仍旧充斥着敌意。可是接下来，你以一种平和而强大的状态加入进来，引起众人的注意。

存在守则不是让一种感受战胜另一种感受。这与“应该是何种状态”毫无关系，完全取决于你的选择。无论你周围发生了什么事，你都可以选择拥有自己想要的感受，这才是这条守则的宗旨。就是这样。想生气就生气，想开心就开心，想信心满满就信心满满，想爱就爱，想疯狂就疯狂，想独断就独断，想平静就平静，想有魅力就有魅力，想虔诚就虔诚，想质疑就质疑。总之，想有哪种感受就可以有哪种感受。接受自己的选择，而不是因为环境所迫。只要掌握了这条守则，你就可以永远掌控自己的感受，决定在众人面前的表现了。

在我提倡新的可能性时，这条守则给了我很多帮助，是我最为珍视的一条。有了它，我就可以成为自我感知的源泉，无论周围环境是怎样的。

在迈阿密的那天下午，女性总裁组织的成员和我共同发明了一种培养自我选择能力的方法。我们想象着每天早上口袋里都装着 4 颗透亮的鹅卵石。每成功践行一次存在守则，就从口袋中拿出一颗鹅卵石。第一周，我们的目标是将 4 颗鹅卵石都拿出来。第二周，我们的目标是每天都把 4 颗鹅卵石拿出来。第三周，我们的目标是分别在早上和下午把鹅卵石从口袋中清空。到第三周的时候，我们的习惯就形成了。我强烈建议大家试一试。

未来，属于终身学习者

我这辈子遇到的聪明人（来自各行各业的聪明人）没有不每天阅读的——没有，一个都没有。巴菲特读书之多，我读书之多，可能会让你感到吃惊。孩子们都笑话我。他们觉得我是一本长了两条腿的书。

——查理·芒格

互联网改变了信息连接的方式；指数型技术在迅速颠覆着现有的商业世界；人工智能已经开始抢占人类的工作岗位……

未来，到底需要什么样的人才？

改变命运唯一的策略是你要变成终身学习者。未来世界将不再需要单一的技能型人才，而是需要具备完善的知识结构、极强逻辑思考力和高感知力的复合型人才。优秀的人往往通过阅读建立足够强大的抽象思维能力，获得异于众人的思考和整合能力。未来，将属于终身学习者！而阅读必定和终身学习形影不离。

很多人读书，追求的是干货，寻求的是立刻行之有效的解决方案。其实这是一种留在舒适区的阅读方法。在这个充满不确定性的年代，答案不会简单地出现在书里，因为生活根本就没有标准确切的答案，你也不能期望过去的经验能解决未来的问题。

湛庐阅读APP：与最聪明的人共同进化

有人常常把成本支出的焦点放在书价上，把读完一本书当作阅读的终结。其实不然。

时间是读者付出的最大阅读成本

怎么读是读者面临的最大阅读障碍

"读书破万卷"不仅仅在"万"，更重要的是在"破"！

现在，我们构建了全新的"湛庐阅读"APP。它将成为你"破万卷"的新居所。在这里：

- 不用考虑读什么，你可以便捷找到纸书、有声书和各种声音产品；
- 你可以学会怎么读，你将发现集泛读、通读、精读于一体的阅读解决方案；
- 你会与作者、译者、专家、推荐人和阅读教练相遇，他们是优质思想的发源地；
- 你会与优秀的读者和终身学习者为伍，他们对阅读和学习有着持久的热情和源源不绝的内驱力。

从单一到复合，从知道到精通，从理解到创造，湛庐希望建立一个"与最聪明的人共同进化"的社区，成为人类先进思想交汇的聚集地，与你共同迎接未来。

与此同时，我们希望能够重新定义你的学习场景，让你随时随地收获有内容、有价值的思想，通过阅读实现终身学习。这是我们的使命和价值。

湛庐阅读APP玩转指南

湛庐阅读APP结构图:

12+图书订阅服务
纸质书
有声书
电子书
读什么

湛庐阅读APP

怎么读
泛读：一书一课
通识：通识课
精读：精读班

优秀的读者和终身学习者
与谁共读

跟谁读
作者、译者、专家、推荐人和阅读教练

三步玩转湛庐阅读APP:

读一读 ▼
湛庐纸书一站买，
全年好书打包订

听一听 ▼
泛读、通读、精读，
选取适合你的阅读方式

书城

扫一扫 ▼
买书、听书、讲书、
拆书服务，一键获取

扫一扫

APP获取方式：
安卓用户前往各大应用市场、苹果用户前往APP Store
直接下载"湛庐阅读"APP，与最聪明的人共河进化！

使用APP扫一扫功能，
遇见书里书外更大的世界!

快速了解本书内容，
湛庐千册图书一键购买!

大咖优质课、
献声朗读全本一键了解，
为你读书、讲书、拆书!

你想知道的彩蛋
和本书更多知识、资讯，
尽在延伸阅读!

延 伸 阅 读

《沃伦·本尼斯经典四部曲》

使用"湛庐阅读"APP，
"扫一扫"获取本书更多精彩内容

ISBN 978-7-213-07718-0

◎ 沃伦·本尼斯被称为领导力之父，组织发展理论先驱。他使领导学成为一门学科，为领导学建立了学术规则。1993年、1996年两度被《华尔街日报》誉为"管理学十大发言人"之一。被《福布斯》杂志称为"领导学大师们的院长"。

◎ 经典四部曲分别为《领导者》《成为领导者》《七个天才团队的故事》《经营梦想》，对于我们了解近代西方领导力思想、认识现代组织的领导力真谛，迎接当下和未来的领导力挑战，具有重要的意义。

《企业文化生存与变革指南》

使用"湛庐阅读"APP，
"扫一扫"获取本书更多精彩内容

ISBN 978-7-213-07750-0

◎ "企业文化理论之父"组织心理学的开创者和奠基人埃德加·沙因的经典作品，是继得到广泛好评的《组织文化与领导力》之后的又一力作。

◎ 沙因教授在总结半个世纪以上的企业管理咨询实践经验的基础之上，形成了对企业文化本质、结构与内容以及企业文化的形成、演化与变革机制的精辟见解与系统理论，出版了一系列企业文化的著作，对学术界及企业实践界产生了巨大的影响。

《管理工作的本质（经典版）》

使用"湛庐阅读"APP，
"扫一扫"获取本书更多精彩内容

ISBN 978-7-213-07795-1

◎ 亨利·明茨伯格最知名的著作，也是经理角色管理学派最早出版的经典著作，它奠定了明茨伯格极具影响力的管理大师地位。

◎ 亨利·明茨伯格指出了4个对管理者的工作产生影响的变量，并将管理者的管理活动分为3大类别，在这3大类别中又细分管理者的工作角色为10种。对于想了解管理者或想成为管理者的人来说，本书会是非常好的导师读物。

《赋能领导力》

使用"湛庐阅读"APP，
"扫一扫"获取本书更多精彩内容

ISBN 978-7-213-08109-5

◎ 著名实战派培训专家、领导力专家，原用友大学校长、创始人田俊国的最新著作！为人们提供了一套完整的赋能领导力路线图，聚焦赋能领导力的三大业务关键、三大重要工作、三大能力，用赋能与员工共同赢得组织未来的挑战！

◎ 58集团总裁兼CEO姚劲波，创业黑马创始人、董事长牛文文，前阿里巴巴集团人才发展总监、360大学创始人、百度学院负责人朱晓楠亲笔作序倾情推荐！樊登读书会创始人樊登，生涯规划师、新精英生涯创始人古典联袂推荐！

The Primes: how any group can solve any problem by Chris McGoff.

ISBN: 978-1-118-17327-5

图书在版编目（CIP）数据

工作现场优选守则：随取随用的高绩效管理工具箱 /（美）克里斯·麦科夫著；王冬佳译 . —杭州：浙江人民出版社，2018.12

书名原文：The Primes: How Any Group Can Solve Any Problem

ISBN 978-7-213-08935-0

Ⅰ.①工… Ⅱ.①克… ②王… Ⅲ.①管理学—基本知识 Ⅳ.① C93

中国版本图书馆 CIP 数据核字（2018）第 236776 号

浙 江 省 版 权 局
著作权合同登记章
图字：11–2018–389 号

上架指导：企业管理

工作现场优选守则：随取随用的高绩效管理工具箱

[美] 克里斯·麦科夫　著

王冬佳　译

出版发行：浙江人民出版社（杭州体育场路 347 号　邮编　310006）

　　　　　市场部电话：(0571) 85061682　85176516

集团网址：浙江出版联合集团　http://www.zjcb.com

责任编辑：郦鸣枫

责任校对：杨　帆

印　　刷：北京盛通印刷股份有限公司

开　　本：889mm × 1194mm 1/16　　　印　　张：19.25

字　　数：193 千字

版　　次：2018 年 12 月第 1 版　　　印　　次：2018 年 12 月第 1 次印刷

书　　号：ISBN 978-7-213-08935-0

定　　价：79.90 元